改正 相続税・贈与税 ガイドブック

東京税理士会 調査研究部 編

～円滑な相続のための税理士からのアドバイス～

士会 顧問 神津信一
士会 会長 足達信一 推薦

一般財団法人 大蔵財務協会

はじめに

　相続が発生すると、亡くなった人が有していた財産や債務を把握（財産等調査）し、さらにこれらの財産等について、遺言書がある場合を除き相続人間で遺産分割協議（誰がどの資産や債務を承継するのかを決める話し合い）を行うこととなります。これらの財産等調査や遺産分割協議は、税理士が行う相続税申告書の作成業務（申告が必要かを検証する業務を含む）と並行して行われるケースが多くあります。なぜなら税理士は申告書作成のためには被相続人が有していた財産等全体の評価額を把握する必要があり、相続人はその評価額等を基に、相続分に応じた額を踏まえ遺産分割協議を行うこととなるからです。このように相続が発生した場合、税理士は相続税申告等を通じ納税者と相続手続について密接に関わることとなります。

　本書は、相続において重要な役割を担う税理士が、一般納税者向けに相続が発生した場合どのような知識が必要か、どのような事を知っておくべきかという視点で、相続に関する制度を解説しております。

　相続が発生すると「遺産を分ける」、「相続税を計算する」という主に2つの手続があります。

　「遺産を分ける」ことについては民法に、「相続税を計算する」ことについては相続税法（相続にかかる租税特別措置法を含む）に定められています。この2つの法律を理解することで、相続に係る取り扱いや手続を網羅することができます。本書はこれらの法律について「入門編」「相続紛争編」「自宅の相続編」「事業承継編」の項目に分類し分かり易く解説しております。

　また、近年これらの法律について、大きな改正がありました。民法では、遺留分について被相続人の遺産に遺留分割合が生ずる権利から金銭請求権に変更となった改正、遺言制度については法務局に自筆の遺言書を預けることができる自筆証書遺言保管制度、さらに相続後の配偶者の居住権を確保するための配偶者居住権の創設などがありました。相続税法では、相続時精算課税制度による贈与について110万円の基礎控除の創設、相続前の暦年課税制度による贈与について相続財産に加算される期間の3年から7年への延長等の改正が行われました。特にこの贈与税の改正については、「相続時精算課税制度と暦年課税制度のどちらが有利か」など納税者の方に是非とも知っていただきたい内容について掘り下げています。

　本書を相続に関する入門書としてご愛読いただき、実際の相続のご相談は税理士にしていただくことを切に望みます（巻末付録4に東京税理士会支部一覧参照）。

　執筆者である東京税理士会調査研究部は主に「税制及び税務行政についての調査研究及び法改正等の実現に関する事項」を所掌としています。執筆者である同部の相続税担当の税理士（大畑智宏、矢ノ目忠、平塚秀明、岡田祐樹、大久保隼人、福島健太）が、各人の専門性を十分に活かし執筆いたしました。また松岡章夫先生には、幅広い知識とご経験から執筆にご協力いただきました。

　最後に出版にあたり多大なご尽力をいただきました一般財団法人大蔵財務協会の皆様に心から謝意を表します。

令和 5 年10月

東京税理士会　調査研究部

◆目　次◆

入門者編

相続紛争編

自宅の相続編

事業承継編

コラム

付録

本書は令和5年9月1日現在の法令・通達等に基づき作成しております。

入門者編

入門者編

相続紛争編

自宅の相続編

事業承継編

付　録

Q1 あなたの相続税概算額はいくらか？（財産目録の作成）

> **Q** おおよその相続税額を知りたいのですがどのように求めればよいですか？

A まず「財産目録」（付録1）を作成し、おおよその課税価格を算定します。その課税価格を「相続税額概算表」（付録2）にあてはめることで相続税概算額を求めることができます。様々な控除等もありますので詳細な評価額及び相続税額については税理士にご相談ください。

ステップ1 「財産目録（付録1）」を作成する

財産の種類ごとに財産目録に金額を記載していきます。

□土地

● 自宅が一戸建ての場合→Q53（136ページ）（倍率地域についてはQ52（134ページ））を参照ください。

● 自宅がマンションの場合→Q55（142ページ）を参照ください。

● 自宅以外に賃貸用アパート（第三者に賃貸）を所有している場合→Q66（174ページ）を参照ください。

所有する物件ごとに評価し、合計した金額を財産目録の土地の評価額に記載します。自宅が賃借しているアパート等の場合は、財産目録に記載する必要はありません。

● **ポイント 小規模宅地等の特例**

一定の要件を満たすことで、相続した土地の評価額を大幅に減額することができる特例です。詳細は宅地の用途により異なります。

• 被相続人の居住用宅地→Q56～Q58（145～153ページ）の「特定居住用宅地等」を参照ください。

• 自宅以外の賃貸用アパート→Q67（178ページ）の「貸付事業用宅地等」を参照ください。

• 被相続人が個人事業者で事業用宅地がある場合→Q67（178ページ）の「特定事業用宅地等」を参照ください。減額金額の合計額を財産目録の「小規模宅地減額」に記載します。2種類以上の宅地がある場合は限度面積がありますのでQ56（145ページ）を参照ください。

□家屋

● 自宅が一戸建ての場合→Q54（140ページ）の「自用家屋」を参照ください。

● 自宅がマンションの場合→Q55（142ページ）を参照ください。

● 自宅以外に賃貸用アパート（第三者に賃貸）を所有している場合→Q66（174ページ）の「貸家建物の評価方法について」を参照ください。

□**預貯金**

現在の預貯金残高の合計額を記載します。

（実際の相続時には残高証明額に既経過利息を加算した金額を計上します。）

□**上場株式**

Q73（194ページ）を参照ください。

□**自社株式**

非上場会社のオーナー等（株主）である場合に記載します。Q74（197ページ）を参照ください。

□**生命保険契約に関する権利**（親が子に生命保険をかけていた場合）

Q15（42ページ）を参照ください。

□**ゴルフ会員権**

コラム20（196ページ）を参照ください。

□**死亡退職金**

死亡退職した場合は、会社から支給される額を確認し、退職手当金等の非課税金額（Q16（44ページ）参照）を控除した額を記載します。

退職後に相続が発生した場合は、生前に受け取った退職金は預貯金として未だ受け取っていない退職金は未収金として、相続財産に含まれます。

□**生命保険金**

死亡保険金の額を保険証券にて確認し、生命保険金等の非課税金額（Q13（37ページ）参照）を控除した額を記載します。

□ 7年以内贈与財産又は相続時精算課税制度適用分

相続時精算課税制度（Q28（70ページ）参照）を適用している場合は、贈与財産の贈与時点の評価額を加算します（贈与時点で支払った贈与税は相続時点で控除できます。）。暦年課税贈与（Q27（67ページ）参照）であっても、相続又は遺贈により財産を取得した者が相続開始前7年以内（令和6年1月1日以後の贈与に限ります。令和5年12月31日までの贈与については、相続開始前3年以内になります。）に受けた贈与財産については、相続財産に加算されます。

□ 借入金等

Q68（180ページ）を参照してください。

住宅ローンなど団体信用生命保険などに加入している場合は、保険金で債務が充当されるため計上しません（38ページ参照）。

□ 葬式費用

Q18（48ページ）を参照ください。

□ その他の財産

個人事業者及び会社経営者の場合は、上記以外にもQ72（192ページ）に掲げる財産及び債務がありますのでご注意ください。

□ 課税価格

上記の財産及び債務を合算します。課税価格が基礎控除額（Q5（14ページ）参照）を超える場合は相続税が生じます。超えない場合は相続税は生じませんが、小規模宅地等の特例を適用して基礎控除額以下となる場合は、相続税の申告が必要となりますので税理士にご相談ください。

ステップ2　「相続税額概算表」（付録2）で相続税概算額を求める

Q4（10ページ）よりあなたの相続時点での相続人を判定し、相続人の数に応じ「財産目録」（ステップ1）で求めた課税価格の金額ごとに相続税概算額が確認できます。実際には遺産の分割の仕方により相続税額は変わりますが、相続税額概算表では配偶者が法定相続分（1/2）で取得したと仮定した場合の税額となっています。

例えば、相続人が配偶者と子２人で、課税価格が１億円の場合は、下表の相続税額概算表より315万円となります。

◆相続税額概算表◆

単位：万円

相続人/課税価格	配偶者と子			子だけ		
	子１人	子２人	子３人	子１人	子２人	子３人
0.5億円	40	10	0	160	80	19
0.75億円	197	143	106	580	395	270
1億円	385	315	262	1,220	770	629
1.25億円	630	523	446	1,970	1,260	1,004
1.5億円	920	747	664	2,860	1,840	1,440
1.75億円	1,295	1,037	936	3,860	2,590	1,939
2億円	1,670	1,350	1,217	4,860	3,340	2,459
2.25億円	2,045	1,662	1,498	5,860	4,090	3,210
2.5億円	2,460	1,985	1,799	6,930	4,920	3,959
2.75億円	2,960	2,422	2,164	8,055	5,920	4,709
3億円	3,460	2,860	2,539	9,180	6,920	5,460
3.5億円	4,460	3,735	3,289	11,500	8,920	6,979
4億円	5,460	4,610	4,154	14,000	10,920	8,979
4.5億円	6,480	5,492	5,029	16,500	12,960	10,980
5億円	7,605	6,555	5,962	19,000	15,210	12,979

※　相続税額は相続人が支払う相続税額の総額となります。
※　配偶者がいる場合の相続税額は配偶者が１／２を取得するものとして計算しています。
　（配偶者が取得する遺産は確定しているものとし配偶者の税額軽減の適用を前提としています。）
※　相続税額は万円未満切捨てで計算しています。

相続紛争編

自宅の相続編

事業承継編

付録

Q2　相続が発生したら誰に相談をしたらいいの？

> **Q** 父が高齢になったため、先を見据え、父の確定申告から相続まで幅広く相談できる専門家を探そうと思いますが、どのように探したらよいでしょうか。

A 税理士であれば、所得税の確定申告のみならず、相続開始後の申告業務はもちろんのこと、将来を見据えての相続税額の試算や相続対策について、多岐にわたるご提案をすることができます。相続に限らず、税に関するお悩みは、まず税理士にご相談ください。身近な知り合いなどに税理士がいない場合には、日本税理士会連合会のホームページ（http://www.nichizeiren.or.jp/）に「税理士を探す！」というコーナーがあります。ここには、全国の税理士と税理士法人が登録されていて、名前・地域や相談したい税目等一定の条件別に検索することができます。

　また、東京税理士会には、地域別に48の支部があり、ご自身のお住まいの近くの支部に連絡をすれば税理士を紹介してもらうこともできます。（「付録4」を参照してください。）税理士との付き合いは一生ものなので実際に会ってみてご判断されることをおすすめします。また納税者の方のご相談内容もさまざまですので自分の相談に詳しく答えてくれる税理士を選ぶとよいと思います。

　なお、全国の税理士会では税理士が納税者無料相談を行っておりますので、各税理士会にご相談ください。東京税理士会の詳細につきましては下記をご参照ください。

東京税理士会　納税者支援センター

税に関する無料相談！ご相談内容の秘密厳守！

　東京税理士会の納税者支援センターは、税務、会計のご相談などに無料で当会の税理士が応じます。

　もちろん、ご相談内容の秘密は厳守。どうぞお気軽にお電話ください！

- ● 月～金（祝日等を除きます。）
- ● 午前10時～午後4時（正午～1時まで休憩）※　受付は3時半までとなります。
- ● 場所…東京税理士協同組合会館内
- ● 電話によるご相談…ＴＥＬ０３－３３５６－７１３７

　　ご相談希望者が多くいるため、お電話がつながりにくいことがございます。また、午後３時30分までにお越しいただいた場合でも受付状況によりご相談をお断りする場合がありますのでご了承ください。

相談前にちょっとご注意！

　1　税理士又は税理士法人に依頼中の方は、支援センターのご利用はできません。

　2　税理士には税理士法により守秘義務が課せられており、将来にわたりあなたの相談内容を他に漏らすことはありません。安心してご相談ください。

　3　面接相談・電話相談とも、相談時間は30分以内とさせていただきます。相談の効率化のため、相談に必要な資料等をあらかじめご用意ください。 なお、申告書等の作成、チェックは行っておりません。

　4　相談に対する回答は一般的な範囲で行いますので、複雑な相談内容や個別事案に関しては答えかねます。

　5　多くの方に利用していただきたいため続けてのご相談はお断りしております。一度ご相談いただいた方は、一定期間経過後（２ヶ月程度）にまた改めてご相談ください。

どんなことに答えてくれるのですか？

　税務、会計に関する一般的なご相談に応じますので、下の例を参考にしてください。私たちの暮らしは、いろいろな形で税が関わっています。知らないうちに思わぬ損をしないためにも、お早めに税理士にご相談ください。

ご相談例

● 　パートを始めたのですが、夫の配偶者控除のことが心配になりました。配偶者控除のことを教えてください。

● 　所有しているマンションを処分して、賃貸に住み替えようと思っていますが、売却代金にも税金がかかるのですか？

● 　自分の描いた絵を買いたい人がいるのですが、消費税はどうしたらいいですか？

● 　もうすぐ定年なのですが、退職金にはどのくらい税金がかかるのですか？

● 　相続税のことで、両親には内緒で相談できますか。

● 　失業しました。昨年の住民税を分割で納めることはできないでしょうか？

（東京税理士会ホームページ参考）

Q3 相続って何？

> **Q** 相続とはどのような事象をいいますか？　また「相続する」とどのような効果がありますか？

A　相続とは、死亡した人（「被相続人」といいます。）の財産に属した一切の権利・義務を、被相続人の死亡により、被相続人と一定の身分関係をもつ者（「相続人」といいます。）に、包括的に承継する法律効果をいいます。ただし、被相続人の一身に専属したものは承継されません。

相続の開始原因について

相続は人の死亡よって開始します。この場合の人とは、自然人のことで法人は含まれていません。また、特殊なケースとして、家庭裁判所等が失踪宣告等をした場合にも相続が開始します。

失踪の宣告とは

①　不在者の生死が7年間明らかでないときは、家庭裁判所は、利害関係者の請求により、失踪の宣告をすることができます。その失踪の宣告を受けた者は7年間の期間が満了した時に死亡したものとみなされます。

②　戦地に臨んだ者、沈没した船舶の中にいた人、その他死亡の原因となるべき危難に遭遇した人の生死が、それぞれ、戦争が終わった後、船舶が沈没した後、その他の危難が去った後1年間明らかでないときも死亡したものとみなされます。

※　①、②とも、失踪者が生存していた場合や、異なる時に死亡したことの証明がある場合には、失踪宣告は取り消されます。

明治民法

現在の民法の親族・相続編の骨格は、昭和22年5月3日から施行されている日本国憲法の理念の下、昭和23年1月1日から施行されていますが、昭和22年5月3日から12月31日までも「日本国憲法の施行に伴う民法の応急的措置に関する法律」により新民法の考え方による法律がまさに応急的に施行されていました。

この昭和22年5月3日前の明治民法では、相続の中心は、「家」制度であり、その

戸主の地位を承継する家督相続という制度が主流でした。そこでは、「死亡」ではない、「隠居」という生前相続が認められていました。

相続開始の時期について

　相続開始の時期は、相続の開始原因が発生したときになります。したがって、人の死亡と同時に相続が開始することになります。この相続開始の時の判定は、相続人と相続の順位などの判定において重要な基準となります。

被相続人の財産に属した一切の権利・義務について

　被相続人の財産に属していた一切の権利・義務には、所有権などの物権、債権・債務という具体的な権利・義務に限らず、契約上の地位や意思表示の当事者としての地位なども含まれます。

　したがって、プラスの財産だけでなく、借入金や損害賠償の義務などのマイナスの財産も相続財産の対象となります。

被相続人の一身に専属したもの

　被相続人の一身に専属したものとは、被相続人だけに帰属して相続人に帰属することができない性質をもったものをいい、これらの権利・義務は承継をすることができません。具体的には、医師、弁護士、税理士などの資格等が該当します。

相続開始の場所

　相続は、被相続人の住所において開始します。

　相続の限定承認・放棄の申述（Q44（114ページ）参照）、遺産分割協議が不調のときの請求など相続に関する審判は、被相続人の住所地を管轄する家庭裁判所に申し立てることになります。

　また、被相続人の住所地は、相続税の納税義務者の判定、相続税の申告書の提出先、小規模宅地等の課税価格の計算の特例の適用関係などさまざまな適用の判定基準となりますので、被相続人の住所の判定は適正に行わなければなりません。

Q4 誰がどのくらい財産をもらえるの？

> **Q** どのような人が相続人となるのでしょうか？ また、法定相続分についても教えてください。

A 相続人とは、被相続人に属する財産や権利・義務などを承継する者をいいます。被相続人の相続人となる者及び法定相続分については、民法に定められています。

＜相続人の範囲・順位＞

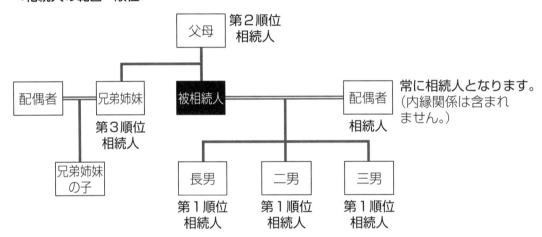

◆相続人と相続順位◆

相続順位	第1順位	第2順位	第3順位
血族相続人	子又はその代襲者（直系卑属）	父母又は祖父母（直系尊属）	兄弟姉妹又はその代襲者
配偶者相続人	配偶者 被相続人の配偶者は、常に相続人となります。		

※ 代襲者は第1順位のときは何代でも下にいきますが、第3順位のときは1代限りです。

法定相続分と指定相続分について

相続人が2人以上いる場合に、各相続人が財産等をどのくらいの割合で相続するかが問題になりますが、その相続する割合のことを「相続分」といいます。この相続分には、「指定相続分」と「法定相続分」の2種類があります。

指定相続分	法定相続分
被相続人が生前に遺言書に相続人ごとに相続分を自由に決めて、指定した割合の相続分のことをいいます。	民法に定められている各相続人の相続分の割合のことをいいます。

具体的な法定相続分は、次のとおりとなります。

なお、平成25年9月5日以後に開始した相続については、非嫡出子と嫡出子の相続分が同等になっています。

<配偶者と子が相続人の場合>

配偶者　相続財産の1／2
子　　　相続財産の1／2を子の人数で均等に割ります。

被相続人 ＝＝ 配偶者（1／2）

子　　　　　　　　　　　　子
（1／2×1／2＝1／4）（1／2×1／2＝1／4）

<配偶者と直系尊属が相続人の場合>

配偶者　　相続財産の2／3
直系尊属　相続財産の1／3を人数で均等に割ります。

父（1／3×1／2＝1／6）＝＝ 母（1／3×1／2＝1／6）

被相続人 ＝＝ 配偶者（2／3）

<配偶者と兄弟姉妹が相続人の場合>

配偶者　　相続財産の3／4
兄弟姉妹　相続財産の1／4を人数で均等に割ります。

※　半血の兄弟姉妹は全血の兄弟姉妹の1／2となります。

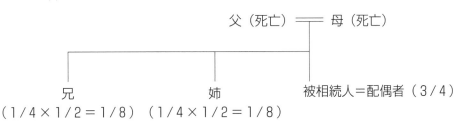

父（死亡）＝＝ 母（死亡）

兄　　　　　　　　姉　　　　　被相続人＝配偶者（3／4）
（1／4×1／2＝1／8）（1／4×1／2＝1／8）

キーワード　代襲相続

　第1順位及び第3順位の相続人に関しては、本来相続人となるべき人が被相続人の相続以前に死亡している場合は、その相続人に代わってその子が相続人になれる規定が民法で定められています。これを「代襲相続」といいます。第1順位で子が死亡している場合に孫が、第3順位の兄弟姉妹が死亡している場合に甥姪が相続人になる場合はこの代襲相続に該当します。甥姪が死亡している場合は、その子は代襲相続人にはなれません。第3順位の相続人の場合は、代襲は1代限りとされています。

＜第1順位の代襲相続の例＞

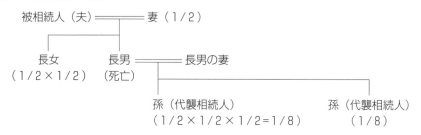

＜第3順位の代襲相続の例＞

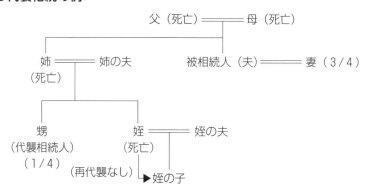

・・・・**コラム 1**・・・・・・・・・・・・・・・・・・・・・・・・・・・・・

認知した子は相続人となれるの？　どうやってわかるの？

　被相続人が男性である場合に、正式な婚姻関係外の女性との間に生まれた子は、男性の認知を要件として相続人となります。男性が認知をした場合には、認知者たる父と被認知者たる子の双方の戸籍の身分事項欄に、それぞれ認知に関する事項が記載されるほか、子の戸籍の父欄に認知者たる父の氏名が記載されます。被相続人が女性の場合は、正式な婚姻関係外の男性との間に生まれた子は、被相続人である女性との血のつながりは明確であるため、男性の認知を要件とせず相続人となります。

コラム 2・・・・・・・・・・・・・・・

世話になるけど、相続権がない長男の妻

　三世代同居で介護など親の面倒を一番見ていることが多いのが、「長男の妻」ではないでしょうか。しかし、義理の親とは血のつながりがないため相続人にはなれません！

　葬儀、四十九日と一段落して、生前はほとんど顔を出さなかった弟妹たちが、家に集まります。お茶を出しお菓子を用意する「長男の妻」は、「義姉さん、遺産の話をしているんだから、顔を出さないで」と言われてしまいます。ひとり蚊帳の外、台所で洗い物などしています。

　本当は一番身近で世話をしています。もし何らか財産を残してあげたいと思ったならば、感謝の言葉を添えた遺言書を書きましょう。こうした気遣いが争いごとを防ぎます。

　「長男の妻」に財産を残すためには遺言に残すか、養子縁組、あるいは死因贈与契約を検討するのがよいのではないでしょうか。また、相続人でない人が被相続人に対して特別に貢献した場合には、その貢献に見合った金銭（「特別寄与料」といいます。）を支払うよう請求できるようになりました（令和元年7月1日以後に開始した相続から請求可）。

　特別寄与料を請求するには、①被相続人の親族であること、②その親族が被相続人に療養看護その他の役務の提供を無償でしたこと、③②により、被相続人の財産の維持、または増加について特別の寄与をしたこと―が要件になっています。

　死んでしまってからではなく、生前であればいくらでも贈与できます。ただし贈与税がかかりますので税理士にご相談ください。「遠くの実子より近くの長男の妻」でしょうか。近くにいる人を大切にすることは足元を固める意味で円満な相続を実現するコツかもしれませんね。

Q5　いくらまでは相続税がかからない？

> **Q**　遺産がいくら以上だと相続税が課税されますか？

A　被相続人の正味遺産額（課税価格）が「相続税の基礎控除額」を超える場合に相続税が発生します。

「相続税の基礎控除額」は次の算式で計算した金額となります。

相続税の基礎控除額＝**3,000万円＋600万円**×法定相続人の数

法定相続人の数について

□養子の取扱い

民法では養子の数に制限を設けていませんので、養子は法律上の実子とみなされ、養子と実子は同じ法定相続分となります。

相続税法では民法の規定を準用しますが、被相続人に養子がある場合には、相続税の計算上、課税の公平を図るために、法定相続人として含めることができる養子の数に制限をしています。

□養子の数の制限

民法上は養子として相続人となりますが、相続税法上の法定相続人として養子の数に含めることができる人数は次のとおりとなります。

被相続人に実子がいる場合	被相続人に実子がいない場合
1人	2人

(注)　ただし、民法上の特別養子、配偶者の実子（連れ子）で被相続人の養子となった者、その他一定の者は、実子とみなされ、養子の数の制限は受けません。

上記の相続税法上の養子の数の制限規定については、相続税の基礎控除額、生命保険金の非課税限度額、死亡退職金の非課税限度額、及び相続税の総額の計算に適用します。

□相続の放棄について

民法上、「相続の放棄をした者は、その相続に関しては、初めから相続人とならなかったものとみなす。」と規定しています。

しかし、相続税の計算上、相続の放棄をした者がいたとしても、その相続の放棄がなかったものとした場合の数を法定相続人の数とします。

● **ポイント　配偶者の相続放棄**

相続の放棄を行った者が配偶者である場合には、配偶者の相続税額の軽減措置（Q19参照）の適用が受けられますので、1億6,000万円までは相続税はかかりません。

Q 父が亡くなった時に相続税がかかるか知りたいのですが、父が亡くなった時の相続人は母と自分と妹の3人なので基礎控除額は3,000万円＋600万円×3＝4,800万円ということですか？

ちなみに妹は結婚して嫁いでいますが相続人になるのですか？

A 結婚して嫁いだ妹さんも相続人となります。よって相続人は3人で基礎控除は4,800万円です。課税価格が基礎控除額を超える場合（課税遺産総額がある場合）に相続税が課税されます。

なお課税価格（正味の遺産額）とは積極財産（プラスの財産）と消極財産（マイナスの財産）の差額をいい、積極財産は被相続人の土地、建物、預貯金等をいい、消極財産とは被相続人の銀行借入金等などの債務をいいます。

<表＞相続税がかからない場合＞
（課税価格＜基礎控除額）

<相続税がかかる場合＞
（課税価格＞基礎控除額）

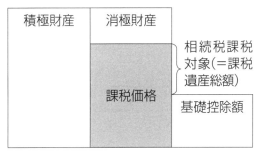

Q6　普通のサラリーマン家庭でも相続税はかかるの？

Q　父はすでに他界しており母と妹がおります。

　母は父から受け継いだ東京都Ａ区の居住用不動産を有しており土地は約30坪で家屋は築30年位です。また母の預金は約2,000万円です。

　母は一人暮らしで、私は住宅ローンを組んで持ち家に、妹は夫名義の持ち家に家族と暮らしています。母が亡くなった時に相続税はおおよそいくらかかりますか？

A　相続税額は約127万円になります。

相続税を算出するおおよその流れ

ステップ1　基礎控除額の計算

基礎控除額は**3,000万円＋600万円**×法定相続人の数です。

お母様の法定相続人はあなたと妹さんのお２人ですので基礎控除額は

「3,000万円＋600万円×２＝4,200万円」となります。

ステップ2　財産評価

東京都Ａ区の路線価Q53（136ページ）を１㎡あたり30万円と仮定すると

土地：30万円×（30坪×3.3㎡）＝2,970万円

家屋：500万円（実際の評価は家屋の固定資産税評価額）

預金：2,000万円

合計：5,470万円

【ポイント‼　小規模宅地等の特例】

　詳細はQ57、Q58（149〜153ページ）に記載がありますが、あなたは持ち家に居住していますし、妹さんは夫の持ち家に居住していますので、お二人とも小規模宅地等の特例の適用はありません。

ステップ3　課税遺産総額の計算

5,470万円−4,200万円＝1,270万円となり基礎控除額を超えています。

ステップ4　相続税の総額の計算

1,270万円（課税遺産総額）×1/2（法定相続人の相続分）＝635万円（法定相続人の取得価額）

635万円×10％＝63.5万円（法定相続人の相続分に対して税率を適用）

63.5万円×2名＝127万円（相続税の総額）

相続税額の計算はＱ9（23ページ）で説明しますが、相続人全体で納める税額は127万円となります。

Ｑ7　いつまでに相続税の申告をすればいいの？

Ｑ　父が先月末に亡くなりました。相続税の申告期限と必要書類について教えてください。

Ａ　相続税の申告書は、その相続があったことを知った日の翌日から10か月以内に提出しなければなりません。相続税の申告書は、被相続人の死亡したときにおける住所地を所轄する税務署に提出することになります。例えば、6月15日に亡くなった場合は、翌年の4月15日が申告書の提出期限となります。ただし、その日が土曜日、日曜日等の場合は、その次の開庁日が提出期限となります。

　相続税の申告義務は、すべての方にあるわけではなく、遺産の総額が遺産に係る基礎控除額を超える場合、各種特例の適用を受けようとする場合に、相続税の申告書を提出しなければなりません。

　相続の開始と同時に、所定の期限が定められている手続が多くありますので、スケジュールをしっかりと確認しながら進めていくことが大切です。

相続の開始に伴う主な注意点

● 遺言がある場合で一定の場合は、家庭裁判所で検認を受けます。

● 相続人に未成年者がいる場合には、特別代理人の選任の手続をします。

● 相続の承認、放棄、限定承認等の選択と手続が必要となります。

● 被相続人の確定申告書の提出期限が翌年の2月16日から3月15日ではなく、相続があったことを知った日の翌日から4月以内となります（準確定申告）。

● 遺言がない場合等には、遺産分割協議書の作成をします。

● 遺産分割協議書の内容に従って、各種財産の名義変更の手続をします。

　(注)　名義変更時に必要な、主な書類は下記のとおりです。ただし、資産の内容により異なる点がありますので、前もって確認してください。

> ―名義変更時の必要書類―
> ・　被相続人の出生から死亡までの戸籍謄本・除籍謄本等（又は法定相続情報一覧図）
> ・　相続人全員の戸籍謄本（又は法定相続情報）
> ・　相続人全員の住民票（本籍地の記載のあるもの）
> ・　相続人全員の印鑑証明書
> ・　遺言書あるいは、遺産分割協議書
> ・　その他一定の書類等

● そのほか、社会保険関係等についても手続が必要です。

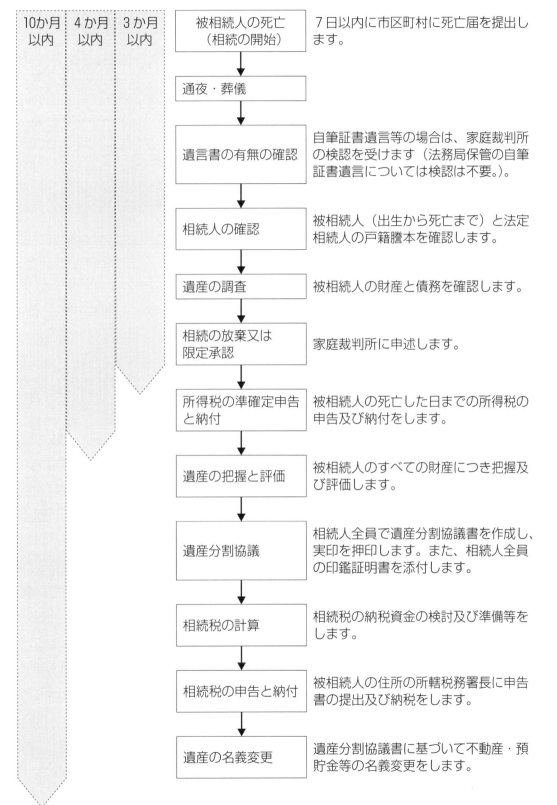

<期限>　　　　　　　　　　　<相続の手続のスケジュール>

10か月以内	4か月以内	3か月以内		
			被相続人の死亡（相続の開始）	7日以内に市区町村に死亡届を提出します。
			通夜・葬儀	
			遺言書の有無の確認	自筆証書遺言等の場合は、家庭裁判所の検認を受けます（法務局保管の自筆証書遺言については検認は不要。）。
			相続人の確認	被相続人（出生から死亡まで）と法定相続人の戸籍謄本を確認します。
			遺産の調査	被相続人の財産と債務を確認します。
			相続の放棄又は限定承認	家庭裁判所に申述します。
			所得税の準確定申告と納付	被相続人の死亡した日までの所得税の申告及び納付をします。
			遺産の把握と評価	被相続人のすべての財産につき把握及び評価します。
			遺産分割協議	相続人全員で遺産分割協議書を作成し、実印を押印します。また、相続人全員の印鑑証明書を添付します。
			相続税の計算	相続税の納税資金の検討及び準備等をします。
			相続税の申告と納付	被相続人の住所の所轄税務署長に申告書の提出及び納税をします。
			遺産の名義変更	遺産分割協議書に基づいて不動産・預貯金等の名義変更をします。

Q8 相続が起きたらどんな書類を準備すればいいの？

> **Q** 相続が起きたらどのような書類が必要ですか。その書類はどこで入手できますか？

A 相続人等の確認、被相続人の遺産及び相続税計算のために次の書類が必要となります。

税理士はこれらの書類をもとに相続税の申告書を作成します。また、相続税の申告書にも同様の書類（令和５年１月１日以降に発生する相続については、一部の書類）を添付します（相続人・遺産により次の書類以外にも必要な場合があります。）。各種相続手続においては法務局で交付される法定相続情報一覧図を利用することも可能です。詳細はコラム３「法定相続情報証明制度」とは？（22ページ）をご参照ください。

✓	必要書類	入手先	備考
☐	被相続人の原戸籍謄本	区・市役所	―
☐	被相続人の戸籍（除籍）謄本	区・市役所	―
☐	被相続人の父又は母の戸籍（除籍）謄本	区・市役所	―
☐	被相続人の住民票の除票	区・市役所	―
☐	相続人全員の戸籍謄本又は抄本	区・市役所	―
☐	相続人全員のマイナンバーカードの写し（表裏）マイナンバーカードがない場合には通知カードの写しと身分証明書の写し	自宅	―
☐	相続人に障害者がいる場合には障害者手帳のコピー	自宅	―
☐	相続人全員の印鑑証明書	区・市役所	遺産分割協議書を作成する場合必要 また他の必要書類を入手する際も必要となるため多めにとっておくとよい
☐	被相続人の遺言書	自宅又は公証人役場	遺言書がある場合

☐	土地・建物の登記簿謄本・公図・測量図	法務局	測量している場合には、土地測量図
☐	土地・建物の固定資産税評価額証明書（又は課税明細書）	自宅	相続が開始した年度のもの
☐	土地・建物の賃貸借契約書の写し	自宅	被相続人が土地を賃貸している場合及びアパート等の賃貸物件を所有している場合
☐	過去の不動産の売買契約書の写し	自宅	被相続人が過去に不動産の売買等をしている場合
☐	有価証券の残高証明書	証券会社	証券会社に相続人であることの証明（戸籍（上記一式）、身分証明書（運転免許証等）及び相続人の印鑑証明書等を持参。相続開始日の残高証明書を入手。
☐	配当金の支払通知書の写し	自宅	
☐	預貯金の残高証明書	銀行等	銀行等に相続人であることの証明（戸籍（上記一式）、身分証明書（運転免許証等）及び相続人の印鑑証明書等を持参。相続開始日の残高証明書を入手（Q17（46ページ参照））。
☐	普通預金通帳の写し（過去10年分ほど）	自宅	過去の収入支出を確認するため（64ページ参照）
☐	保険金の支払通知書・保険証券の写し	自宅	―
☐	死亡退職金等・弔慰金の支払通知書の写し	自宅	―
☐	満期返戻金のある損害保険契約証書の写し	建物更生共済契約証書の写し	自宅
☐	金銭消費貸借契約書の写し	自宅	被相続人がお金を貸借していた場合
☐	ゴルフ・レジャー会員権証書等の写し	自宅	―
☐	自動車の車検証の写し	自宅	
☐	家財道具一覧表	自宅	―
☐	電話加入権	自宅	加入件数の確認
☐	相続開始前３年間の法人税の申告書、決算書、勘定科目内訳明細書	自宅又は会社	被相続人が同族会社の株主である場合
☐	死亡した年の給与等・公的年金等の源泉徴収票	自宅	―
☐	過去の所得税、消費税申告書	自宅	―

☐	医療費の領収書のコピー	自宅	—
☐	葬儀費用の明細書・領収書・香典帳	自宅	—
☐	資産等の取得に係る借入金返済予定表	自宅又は銀行等	—
☐	過去の贈与税の申告書の写し	自宅	相続人等に対して生前贈与がある場合
☐	過去の相続税申告書の写し	自宅	被相続人が過去に相続税の申告をしている場合

コラム 3

「法定相続情報証明制度」とは?

「法定相続情報証明制度」とは、相続人が登記所(法務局)に戸除籍謄本等の必要な書類を提出し、登記官が内容を確認した上で、法定相続人が誰であるのかを登記官が証明する制度です。平成29年5月29日から、全国の登記所(法務局)において開始されており、相続登記、被相続人名義の預金の払戻し、相続税の申告など各種相続手続に利用出来ます。

　以前の相続手続では、被相続人の戸除籍謄本等の束を、相続手続を取り扱う各種窓口に何度も出し直す必要がありましたが、本制度を利用することでその必要がなくなりました。

　この制度を利用する場合は、登記所(法務局)に申出書を提出する必要があり、その添付書類として戸除籍謄本等とともに、相続関係を一覧に表した図(法定相続情報一覧図)を自ら作成して申出書に添付します。登記官が確認ののち、その一覧図に認証文を付した写しが交付されます。手数料はかかりません。

　申出の手続は、税理士等の資格者代理人や申出人の親族に依頼することも出来ます。被相続人や相続人が日本国籍を有しない場合などは本制度を利用することが出来ないケースもありますので、手続にご不安がある方は税理士等の専門家にご相談ください。

Q9　相続税の計算はどのようにするの？

> **Q** 相続税は具体的にどのように計算するのでしょうか？

A 具体的な相続税の計算方法は、下記の手順で行います。

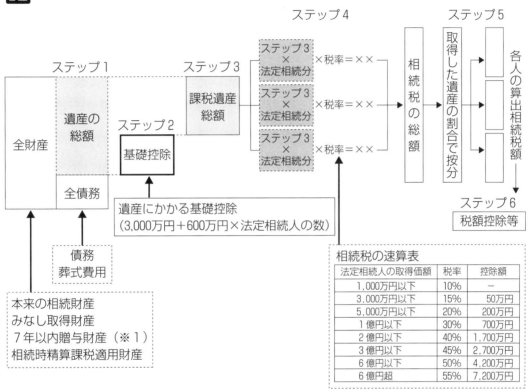

相続税の速算表

法定相続人の取得価額	税率	控除額
1,000万円以下	10%	－
3,000万円以下	15%	50万円
5,000万円以下	20%	200万円
1億円以下	30%	700万円
2億円以下	40%	1,700万円
3億円以下	45%	2,700万円
6億円以下	50%	4,200万円
6億円超	55%	7,200万円

ステップ1　遺産の総額を計算します。

① 取得財産の価額の合計額

② 相続時精算課税による贈与財産

③ 債務・葬式の金額

④ 相続開始前7年以内（※1）の贈与財産の価額

（①＋②−③）＋④＝遺産の総額（※2）

（※2）　遺産分割が成立している場合には、各人ごとに①から④の合計を算出し、それらの合計額となります。

（※1）　令和6年1月1日以後に限ります。令和5年12月31日までの贈与については3年以内となります。

ステップ2　基礎控除額の計算をします。

3,000万円＋600万円 ×法定相続人の数

● 法定相続人とは、相続の放棄があった場合にはその放棄がなかったものとした相続人をいいます。

● 相続人の中に養子がいる場合の法定相続人の数に含めることができる養子の数は、実子がいる場合は1人まで、実子がいない場合は2人までとなります。

ステップ3　課税遺産総額の計算をします。

課税遺産総額＝（ステップ1）－（ステップ2）

ステップ4　相続税の総額の計算をします。

　ステップ3の金額を、法定相続分に分けて個々の税率を掛け合わせて、その金額を合計します

法定相続人が、配偶者Aと子2人B・Cの場合

ステップ3の金額×1/2（配偶者の法定相続分）×税率（※）＝Aの金額

ステップ3の金額×1/4（子の法定相続分）　　×税率（※）＝Bの金額

ステップ3の金額×1/4（子の法定相続分）　　×税率（※）＝Cの金額

※　税率は、前ページ〈速算表〉によります。

相続税の総額＝Aの金額＋Bの金額＋Cの金額

ステップ5　各人の算出相続税額の計算について

　ステップ4の相続税の総額を各人が取得した遺産の割合で按分します。

遺産分割が成立している場合

相続税の総額を、実際に相続した遺産の割合で税額の按分をします。

遺産が未分割の場合

相続税の総額を、民法に規定する相続分等の割合に従って計算します。

ステップ6　税額控除及び納付税額

　相続や遺贈により財産を取得した者が納付する税額は、ステップ5の金額等に各相

続人の事情に応じて、相続税額の2割加算（Q22）、配偶者の税額軽減（Q19）、未成年者控除（Q20）などの相続税額の加算・減算をした金額となります。

具体的計算

相続人：配偶者A、子B、子C（子B及び子Cは未成年ではない）

単位：万円

財産種類	合計	配偶者A	子B	子C
土地	5,000	5,000		
建物	1,000	1,000		
預貯金	7,000	3,000	2,000	2,000
債務	▲2,500	▲2,500		
葬式費用	▲500	▲500		
課税価格	10,000	6,000	2,000	2,000

ステップ1　遺産総額の計算

5,000万円＋1,000万円＋7,000万円－2,500万円－500万円＝10,000万円

ステップ2　基礎控除額の計算

3,000万円＋600万円×3（配偶者A、子B、子C）＝4,800万円

ステップ3　課税遺産総額の計算

10,000万円－4,800万円＝5,200万円

ステップ4　相続税の総額の計算

5,200万円×1/2＝2,600万円　2,600万円×15％－50万円＝340万円…配偶者A

5,200万円×1/4＝1,300万円　1,300万円×15％－50万円＝145万円…子B

5,200万円×1/4＝1,300万円　1,300万円×15％－50万円＝145万円…子C

相続税の総額＝A＋B＋C＝630万円

ステップ5　各人の算出相続税額の計算

□相続した遺産の割合

配偶者Ａ＝6,000万円/10,000万円＝0.6

子Ｂ＝2,000万円/10,000万円＝0.2

子Ｃ＝2,000万円/10,000万円＝0.2

□各人の算出相続税額

配偶者Ａの算出相続税額＝630万円×0.6＝378万円

子Ｂの算出相続税額＝630万円×0.2＝126万円

子Ｃの算出相続税額＝630万円×0.2＝126万円

ステップ6　税額控除及び納付税額

□税額控除

配偶者Ａ：配偶者の税額軽減の適用（Ｑ19（50ページ）参照）

民法上の配偶者法定相続分：10,000万円×1/2＝5,000万円＜16,000万円

∴1億6,000万円

配偶者の課税価格：6,000万円＜1億6,000万円なので378万円の税額が軽減されます。

子Ｂ、子Ｃについては税額控除の適用はありません。

□納付税額

配偶者Ａ：378万円－378万円＝0

子Ｂ：126万円

子Ｃ：126万円

Q10　相続により取得した財産にはすべて相続税がかかるの？

Q　相続により取得した財産には、すべて相続税がかかるのでしょうか？　被相続人の財産で相続税がかからない財産はありますか？

また、相続税の対象となる財産は銀行に預けている預金だけですか？　土地や建物も含まれるのですか？

A　相続税法では、原則として民法の規定により、相続又は遺贈により取得した財産が課税対象となります。

しかし、その他に、相続や遺贈によって財産を取得したのと同じような経済的効果がある財産については、相続税法により相続又は遺贈により取得したものとみなされます。

そのため、相続税の対象となる財産は、預金、土地、建物及び有価証券なども対象になるとともに、亡くなった時にご家族が受け取る死亡保険金も対象となります。ただし死亡保険金については一部非課税となります。

預金、土地、建物及び有価証券などの直接承継できる財産を「本来の相続財産」といい、生命保険金など被相続人から直接承継しなくても被相続人から承継したものとみなして課税される財産を「みなし相続財産」といいます。

また、社会政策的見地や国民感情等から相続税の課税対象とすることが適当でないものについては、相続税の非課税財産として相続税の課税対象から除くなど、相続税法における独自の規定を設けています。

相続税の対象となる財産

□本来の相続財産

民法では、「相続人は相続開始の時から、被相続人の財産に属した一切の権利義務を承継する。ただし、被相続人の一身に専属したものは、この限りでない。」と規定しています。したがって、被相続人が亡くなった日に所有していた固有の財産で、金銭に見積ることができる経済的価値のあるものは、本来の相続財産となります。

種　類	内　容
土地	宅地、農地、山林、雑種地など
家屋	家屋、構築物（未登記の家屋を含みます。）
有価証券	株式、出資、公債、社債 証券投資信託や貸付信託の受益証券など
現金・預金	手許現金、普通預金、当座預金、定期預金、郵便貯金、定期積金など（預貯金にかかる未収利息を含みます。）
家庭用財産	家具、什器備品、電話加入権、書画、骨董品、宝石など
その他の財産	車両、貸付金、ゴルフ会員権、特許権、実用新案権など
事業用財産	商品、製品、仕掛品、事業用車両、機械装置、売掛金、受取手形、貸付金など
会社オーナーの財産	株式（出資を含みます。）、会社に対する貸付金及び未収入金など

□みなし相続財産

　被相続人の本来の相続財産ではなくても、実質的に相続により財産を取得したものと同じ経済的効果があることから、相続税法の規定により相続又は遺贈により取得した財産とみなされるものをいいます。

種　類	内　容
生命保険金等	死亡保険金など一部非課税（Q13（37ページ）参照）
退職手当金等、弔慰金等	被相続人の会社から支払われる退職金・弔慰金など一部非課税（Q16（44ページ）参照）
生命保険契約に関する権利	保険事故が発生していない生命保険契約（被相続人以外の者が契約者である契約で、掛捨て保険を除きます。）で被相続人が保険料を負担している場合（Q15（42ページ）参照）
定期金に関する権利等	定期金給付事由が発生していない定期金給付契約（生命保険契約を除きます。）で被相続人が掛金又は保険料を負担し、かつ、被相続人以外の者が定期金給付契約の契約者である場合
低額譲受益、債務免除益等	低額譲受、債務免除等が遺言により行われた場合（債務者が資力を喪失している場合等については課税されない場合あり）
信託受益権	信託の効力が生じた場合において、遺言により適正な対価を負担せずに当該信託の受益者等となる者がある場合

□相続時精算課税にかかる贈与財産

　被相続人から生前に相続時精算課税により贈与を受けた財産です。

□暦年課税にかかる贈与財産

　相続又は遺贈により財産を取得した者が、被相続人から相続開始前７年以内に、暦年課税により贈与を受けた財産です（令和６年１月１日以後の贈与に限ります。令和５年12月31日までの贈与については、相続開始前３年以内になります（Q27（68ページ）参照））。

コラム 4

孫の預金や子の住宅購入時の頭金は相続財産？

　祖父母が孫名義の預金口座を作ってあげたり、親が子の住宅取得の頭金を出してあげたりした場合、相続税の取扱いはどうなるか知っていますか？

　本来であれば孫名義の口座を作ってその口座に資金を入れたとき、子のために住宅購入時の頭金を出したときに贈与となり、贈与を受けた孫や子は贈与税を支払わなくてはいけません。もし、贈与税を支払わないまま贈与者に相続が発生したらどうなるでしょうか？　相続税の対象にはならないのでしょうか？

　税務署はそれほど甘くありません。孫名義の預金や住宅取得の頭金として支出した金銭は、贈与した祖父母や親の相続財産に含まれ相続税課税の対象となる可能性があります。被相続人の生前の預金収支は、税務調査の際に詳しく確認されますので、支出先や支出の原因などは確認できるようにしておきましょう。

　なお、一定の手続をした住宅取得等資金の贈与、教育資金の贈与や結婚・子育て資金の贈与については、贈与税が非課税になります。詳細はQ29 〜 32（73 〜 83ページ）をご確認ください。

相続税の対象とならない財産

　次に掲げる財産は、社会政策的見地や国民感情等から相続税の課税対象とすることが適当でないものとして、相続税の非課税として課税対象から除かれています。

● 墓所、霊びょう、墓地、墓石、神棚、仏壇、仏具、日常礼拝に供するもの等、及びこれらに準ずるもの

● 宗教、慈善、学術、その他公益を目的とした事業を行う一定の者が取得した財産で、公益を目的とする事業に使われることが確実なもの

● 心身障害者共済制度に基づく給付金の受給権

● 相続人の取得した生命保険金のうち、非課税限度額による一定の金額

５００万円×法定相続人の数（Ｑ５参照）＝非課税限度額

● 相続人の取得した退職手当金等のうち、非課税限度額による一定の金額

５００万円×法定相続人の数（Ｑ５参照）＝非課税限度額

● 相続税の申告期限までに、国、地方公共団体及び特定公益法人に対して、相続財産を寄附した場合

● 個人で経営している幼稚園の事業に使われていた財産で一定の要件を満たすもの
なお、相続人のいずれかが引き続きその幼稚園を経営することが条件

コラム５

墓地は、生前に買っておくこと

先祖の墓は実家にあるけれど、いまさらそこに入ることもないという人も都会には少なくありません。戦後、日本では地方から都会に大きな人口移動がありました。そうした世代が人生の終盤を迎え、都市近郊に墓地を求める人も多いようです。霊園の広告などもよく見かけます。

墓地の権利は永代使用権といって、他に売却できるような所有権ではありませんが、求めるとかなり高額なものです。また墓石も含めるとすぐに何百万円ということになりかねません。

ところが相続税では、墓地・墓石は課税の対象ではありません。

つまり、いざとなったら墓地・墓石を求めなくてはならないのなら、相続税を負担した後の残ったお金で求めるよりは、相続税を支払う前、つまり生前に手当てしておくことは、確実な相続税軽減策になります。

最後の形を自分なりに決めておくこと、生前からお寺さんなどと付き合いができることなどの利点もあります。無宗教の霊園もありますが、家の宗旨を尊ぶならその宗旨の本山に問い合わせれば、お住まいの近くにある同じ宗旨の寺院を紹介してくれるはずです。

Q11 相続で取得した資産を国等に寄附する場合はどうなるの？

> **Q** 私は父から相続した財産の一部を、地方公共団体に寄附するつもりです。
> 寄附する財産についても、相続税がかかるのですか？

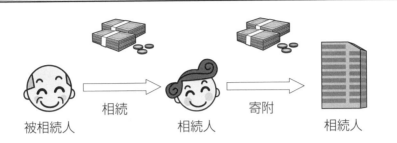

被相続人　　相続　　相続人　　寄附　　相続人

A 　相続や遺贈によって取得した財産を、国や地方公共団体又は特定の公益を目的とする事業を行う法人などに寄附した場合、次の要件のすべてを満たすことを条件に、その寄附をした財産や支出した金銭は相続税の対象としない特例があります（なお、個人が土地、建物などの資産を法人に贈与した場合についての譲渡所得税の取扱いについても非課税となる特例があります。次のQを参照ください。）。

【要件1】　寄附した財産は、相続や遺贈によって取得した財産であること

【要件2】　相続財産を相続税の申告書の提出期限までに寄附すること

【要件3】　寄附した先が国や地方公共団体又は教育や科学の振興などに貢献することが著しいと認められる特定の公益を目的とする事業を行う特定の法人であること

【要件4】　相続税の申告書に寄附又は支出した財産の明細書や一定の証明書類を添付すること

　なお、特定の法人に対する寄附の場合については、寄附を受けた日から2年を経過した日までに、特定の公益法人又は特定の公益信託に該当しなくなった場合、特定の公益法人がその財産を公益を目的とする事業の用に使っていない場合、寄附した人及びその親族などの相続税又は贈与税の負担が結果的に不当に減少することとなった場合には、この規定の適用は受けることができません。

> **Q** 父の遺言では遺産の一部（土地及び建物）を社会福祉法人に遺贈すること
> になっています。この場合の税金はどうなりますか？

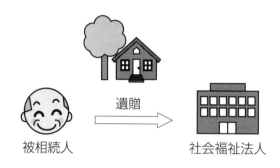

被相続人　　　遺贈　　　社会福祉法人

A 　個人が土地、建物などの資産を法人に遺贈した場合には、時価で譲渡があった
ものとみなされ、これらの資産の取得時から相続時までの値上がり益に対して本来
は譲渡所得税が課税されます。ただし、公益法人等に遺贈した場合において、公益
の増進に著しく寄与することなど次のすべての要件を満たすことにつき国税庁長官
の承認を受けたときは、この譲渡所得税について非課税とする制度が設けられてい
ます。

　国税庁長官の承認を受けるためには、次のすべての要件（法人税法別表第一に掲
げる独立行政法人に対する寄附については要件2のみ、大学又は高等専門学校を設
置する学校法人に対する寄附については別途定める要件）を満たす寄附であること
が必要です。

【要件1】　寄附が教育又は科学の振興、文化の向上、社会福祉への貢献その他公益
　　　　　の増進に著しく寄与すること

【要件2】　寄附財産が、その寄附日から2年以内に寄附を受けた法人の公益を目的
　　　　　とする事業の用に直接供されること

【要件3】　寄附により寄附した人の所得税の負担を不当に減少させ、又は寄附した
　　　　　人の親族その他これらの人と特別の関係がある人の相続税や贈与税の負
　　　　　担を不当に減少させる結果とならないこと

Q12　国外の財産は課税されないの？

> **Q**　相続により取得した財産は、その財産の所在が国内・国外を問わず、すべてが相続税の課税対象となるのでしょうか？

A　相続税が課税される財産の範囲は、原則として、国内・国外を問わず個人が相続又は遺贈（以下「相続等」）により取得したすべての財産となります（この個人を「無制限納税義務者」といいます。）。

　ただし、一定の場合には、個人が相続等により取得した財産のうち、日本国内にあるもののみが、相続税の課税対象となります（この個人を「制限納税義務者」といいます。）。

　また、相続又は遺贈により財産を取得しなかった者で、贈与により相続時精算課税の適用を受ける財産を取得した人は、相続時精算課税の適用を受ける財産について相続税が課税されます（「特定納税義務者」といいます。）。

◆納税義務者の区分◆

納税義務者	取得原因	課税される財産
無制限納税義務者	相続等	国内・国外のすべての財産
制限納税義務者	相続等	国内財産のみ
特定納税義務者	相続時精算課税贈与	相続時精算課税適用財産

相続税がかかる人および相続税の課税される財産の範囲は、次の通りです。

◆相続税がかかる人と課税される財産の範囲◆

	相続税のかかる人	課税される財産の範囲
無制限納税義務者	(1)　相続や遺贈で財産を取得した人で、財産を取得した時に日本国内に住所を有している人（その人が一時居住者である場合には、被相続人が外国人被相続人または非居住被相続人である場合を除きます。）	取得したすべての財産

	(2)　相続や遺贈で財産を取得した人で、財産をもらった時に日本国内に住所を有しない次に掲げる人 イ　財産を取得した時に日本国籍を有している人の場合は、次のいずれかの人 　㋑　相続の開始前10年以内に日本に住所を有していたことがある人 　㋺　相続の開始前10年以内に日本に住所を有していたことがない人（被相続人が外国人被相続人または非居住被相続人である場合を除きます。） ロ　財産を取得した時に日本国籍を有していない人（被相続人が外国人被相続人、非居住被相続人または非居住外国人である場合を除きます。）	取得したすべての財産
制限納税義務者	(3)　相続や遺贈で日本国内にある財産を取得した人で、財産を取得した時に日本国内に住所を有している人（(1)に掲げる人を除きます。）	日本国内にある財産
	(4)　相続や遺贈で日本国内にある財産を取得した人で、財産を取得した時に日本国内に住所を有しない人（(2)に掲げる人を除きます。）	日本国内にある財産
特定納税義務者	(5)　相続又は遺贈により財産を取得しなかった者で贈与により相続時精算課税の適用を受ける財産を取得した人	相続時精算課税の適用を受ける財産

（出典：国税庁ホームページ　タックスアンサー No.4102を一部改変）

（参考１）　相続税の納税義務者及び納税義務の範囲

被相続人＼相続人	国内に住所あり	国内に住所あり（一時居住者）	国内に住所なし／日本国籍あり／10年以内に住所あり	国内に住所なし／日本国籍あり／10年以内に住所なし	国内に住所なし／日本国籍なし
国内に住所あり	国内・国外財産ともに課税				
外国人被相続人		国内財産のみ課税		国内財産のみ課税	
国内に住所なし／10年以内に住所あり／日本国籍あり		国内・国外財産ともに課税			
国内に住所なし／10年以内に住所あり／日本国籍なし（非居住被相続人Ⅰ）		国内財産のみ課税		国内財産のみ課税	
国内に住所なし／10年以内に住所なし（非居住被相続人Ⅱ）		国内財産のみ課税		国内財産のみ課税	

※　特定納税義務者は、この表に含まれていません。

◆用語の整理◆

一時居住者

　相続開始の時において在留資格（出入国管理及び難民認定法別表第一（在留資格）の上欄の在留資格をいいます。以下同じ。）を有する者であってその相続の開始前15年以内において日本国内に住所を有していた期間の合計が10年以下である人

外国人被相続人

　相続開始の時に在留資格を有し、かつ、日本国内に住所を有していた人

非居住被相続人

　相続開始の時に日本国内に住所を有していなかった被相続人で、以下のいずれかの人

①　相続の開始前10年以内のいずれかの時において日本国内に住所を有していたことがある人のうち、そのいずれの時においても日本国籍を有していなかった人

②　その相続の開始前10年以内に日本国内に住所を有していたことがない人

	在留資格	国内に住所		日本国籍
		相続時	過去実績	
一時居住者	有	有	相続開始前15年以内に国内に住所を有していた期間の合計が10年以下	無
外国人被相続人	有	有	－	無
非居住被相続人Ⅰ	不問	無	相続開始前10年以内に国内に住所あり	無
非居住被相続人Ⅱ		無	相続開始前10年以内に国内に住所なし	不問

コラム 6

海外に引っ越せば相続税はかからない？

　前述のとおり、海外に引っ越したからといって、すぐさま日本の相続税・贈与税がかからなくなるということはありません。

　相続人の納税義務者の範囲は近年改正が頻繁に行われており、かなり複雑になっています。

　例えば、被相続人・相続人ともに住所が日本にない場合でも、相続人に日本国籍があるときなどには、国内財産・国外財産ともに課税されてしまいます。

　一方で、例えば、被相続人の住所が日本にある場合でも、その被相続人が在留資格を持っており、かつその相続人が短期滞在の外国人であるときなどには国外財産については課税されません。

　日本で働く高度外国人労働者の受入を進めるために、このような改正がされたということです。果たしてどの程度来日の動機付けに繋がるのでしょうか。

　海外の国籍を取得したり、海外に居住する場合には、その現地の法律が適用されます。徴兵制度がある国もあります。十分考えてから、行動してくださいね。

Q13　保険金をもらったらどうなるの？

Q　生前に父が私を受取人として生命保険を掛けていました。この場合の生命保険金に対する相続税の取扱いについて教えてください。

A　被相続人の死亡を保険事故として保険金受取人が取得する生命保険金は、保険契約により取得するものなので、被相続人の固有の財産ではありません。しかし、その保険料を被相続人が負担していた場合には、その負担していた金額に対応する保険金については、その経済的効果について課税の公平を図るため、相続税の計算上、相続財産とみなされます。

生命保険金等について

　被相続人の死亡に伴い支払われる生命保険金や、偶発的な事故に起因する死亡に伴い支払われる損害保険契約の保険金で、その被相続人が負担していた保険料に対応する保険金については、相続財産とみなされます。

　したがって、契約者が被相続人であるか否かを問わず、被相続人がその保険料を一部でも負担していた場合には、その負担していた保険料相当分の生命保険金等については、相続財産とみなされることになります。

(注)　被相続人以外の者が、保険料を負担していた生命保険金等については、一時所得（受取人が保険料を負担した分）又は贈与（被相続人を除く、受取人以外の者が、保険料を負担していた分）の対象となります。

相続人が取得した生命保険金等の非課税金額

　相続人が受ける生命保険金等のうち、下記の非課税金額までの金額については、相続税が課税されません。

非課税金額　＝　500万円　×　法定相続人の数

相続放棄があった場合

　相続の放棄をした者は、相続については最初から相続人とならなかったものとみなされます（Q5（15ページ）参照）。

　相続を放棄した者が、生命保険金等を取得した場合には、その生命保険金等は遺贈

で取得したものとなります。ただし、相続を放棄しているため、民法上の相続人ではありませんので、生命保険金等の非課税規定は適用されません。

この場合の生命保険金等の非課税規定の適用の計算上用いる法定相続人の数は、相続を放棄した者があった場合でも、その放棄がなかったものとした場合の相続人の数をいいます。

入院給付金などの取扱い

生命保険特約又は損害保険特約により、被相続人に支払われるべきだった入院給付金等は、被相続人の死亡後に支払われたとしても、被相続人の本来の相続財産となります。

被相続人が契約者と受取人である場合

生命保険契約の契約者が被相続人で、保険金受取人も被相続人の場合があります。この場合は、保険金請求権が被相続人の財産に一旦帰属しますので、相続人間での遺産分割の対象財産となります。

● **ポイント　住宅ローンと団体信用生命保険について**

住宅を購入する際に、その借入（債務）を担保するために、団体信用生命保険を生命保険会社と締結することがあります。

この契約は、銀行を保険金受取人、債務者を被保険者として、死亡などの保険事故が生じた場合には、生命保険会社から支払われる保険金を債務者の債務に充てることになります。したがって、このような場合は、該当する銀行からの借入金は、債務控除（Q68参照）の対象となりません。さらに、生命保険金も相続税法上の生命保険金に該当しないものとなります。

そのほか、限定承認をした場合に死亡保険金を受け取った場合の取扱い、保険料負担者と保険金受取人の課税関係の問題、保険料を贈与した場合の課税関係の問題等、保険関係については多くの個別論点があります。受け取った保険金の取扱いについては、税理士にご相談ください。

死亡保険金に関する課税関係

被保険者の死亡により保険金を受け取った場合は保険料負担者が誰であるかにより税目が次のとおり決定されます。

◆死亡保険金と課税関係◆

被保険者	保険料負担者	課税税目	課税対象者
被相続人	被相続人	相続税	保険金受取人
被相続人	保険金受取人	所得税	保険金受取人
被相続人	被相続人及び保険金受取人以外	贈与税	保険金受取人

・コラム 7 ・・・・・・・・・

交通事故の損害賠償金

　被相続人が交通事故で死亡した場合、遺族の方に損害保険会社から損害賠償金が支払われるケースがあります。この受け取った損害賠償金に対する税金はどうなるでしょうか。

　実は、この損害賠償金、被相続人の死亡後のことなので、相続税の対象とはなりません。この損害賠償金は受け取った遺族の方の所得になりますが、所得税法では、心身に加えられた損害につき支払を受ける賠償金は、非課税とされていますので、所得税もかかりません。

　ただし、同じ損害賠償金でも、被相続人の生存中に受け取ることが決まっており、受け取らずに亡くなった場合には、その損害賠償金を受け取る権利（債権）が相続財産として、相続税の対象となります。

Q14　保険金はどのように活用するの？

> **Q**　相続で生命保険を活用する話をよく聞きますが、どのような理由でしょうか？

> **A**　相続人が生命保険金を受け取った場合には、非課税金額があるため相続対策として有効です。また生命保険金を相続税の納税資金として活用することもできます。
> 　なお「本来の相続財産」と異なり、原則として生命保険金は遺産分割協議の対象となりません。そのため相続争いなく承継させたい者に生命保険金を取得させることができます。また相続を放棄した者も生命保険金を受け取ることができます。

> **Q**　私には同居している長男がいます。相続の時は財産の大半を占める自宅を長男に相続させようと考えています。ただし二男が納得するか心配です。何かよい方法はありますか？

> **A**　長男を受取人とする生命保険に入るのはいかがでしょうか？

　相続時には長男が死亡保険金を受け取ります。その保険金の一部又は全額を二男に代償金として渡すことができます。この代償分割により、長男と二男の遺産のバランスを保つことができるので、相続紛争を防げるかもしれません。
　代償分割（Q48（122ページ）参照）とは、相続人の1人が遺産の大部分を取得する場合において、相続分を超えて取得した部分を他の相続人に金銭等で支払う方法をいいます。今回のケースでは、自宅を長男が取得することで大幅に相続分を超えることが予想されますが、父親の死亡により受け取った保険金を二男に代償金として渡すことで、各取得財産を法定相続分に近づけることが可能となります。

コラム 8

保険金やり過ぎると特別受益？

　民法では子の相続分は均等とされており、民法基準で分ける場合には遺産は兄弟間で平等に分けられることとなります。遺産というのは被相続人に属する財産が基本となりますので保険金のように受取人に相続後に権利が発生する財産は遺産分割の対象とはなりません。よって基本的には亡くなった時に被相続人が有している財産をベースに分割がされます。

　しかし、例えば被相続人の現預金や不動産等の遺産が2,000万円、生命保険金が1億円あり、生命保険金の受取人が兄弟のうち兄1名のみだった場合はどうでしょう？遺産は兄と弟で均等に1,000万円ずつ相続され、兄が保険金の1億円を取得した場合、弟は不公平に思うでしょう。

　平成17年の最高裁の判決では上記1億円についても特別受益（被相続人から特別の利益）と考え遺産にこの保険金を加算しその上で均等に分けるべきという判断がされました。通常生命保険金は特別受益とはなりませんが、遺産総額に匹敵するような生命保険金であったこと、生命保険金の受取人が被相続人と同居していない、扶養や介護をしていないといった状況から判断されたようです。また生前の贈与や遺贈についても特別受益として取り扱われ、遺産の加算対象となることがあります。

キーワード　特別受益とは

　特別受益制度とは、相続分算定の際に生前贈与、遺贈（特別受益）を受けた相続人（特別受益者）がいる場合に、相続人間の公平のためにその特別受益の金額を考慮する制度です。

　これらの特別受益の金額は、被相続人の遺産に戻され、その上で相続分で按分され、特別受益を差し引き、特別受益者である相続人の取得分を決定します。

Q15　亡くなった親が子供に保険をかけていたらどうなるの？

Q 　亡くなった父親が子供である私に生命保険を掛けていました。契約者は私ですが保険料は全て父親が負担し、私が死亡した時の保険金受取人は私の妻となっています。相続税の計算上注意すべき点はありますか？

A 　被相続人が保険料を負担している生命保険契約で保険事故未発生のものは、みなし相続財産（生命保険契約に関する権利）に該当し、相続税の課税対象となります。

相続開始の時において、まだ保険事故（被保険者の死亡）の発生していない生命保険契約（掛捨て保険を除きます。）であり、被相続人が保険料を負担している場合には、次の算式により計算される金額が相続財産となります。この場合において被相続人が契約者である場合には「本来の相続財産」に、被相続人以外の者が契約者である場合には「みなし相続財産」に該当します。

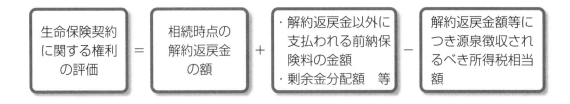

| 生命保険契約に関する権利の評価 | ＝ | 相続時点の解約返戻金の額 | ＋ | ・解約返戻金以外に支払われる前納保険料の金額
・剰余金分配額　等 | － | 解約返戻金額等につき源泉徴収されるべき所得税相当額 |

被相続人が被保険者ではないので、保険金はありませんが、「生命保険契約に関する権利の評価」の金額について課税対象となります。

◆生命保険契約に関する権利の課税関係◆

契約者	被保険者	保険料負担者	保険金受取人	課税関係
受取人	受取人	被相続人 （受取人の父）	受取人	みなし相続財産
被相続人	受取人	被相続人	受取人	本来の相続財産

<＜生命保険契約に関する権利（図解）＞

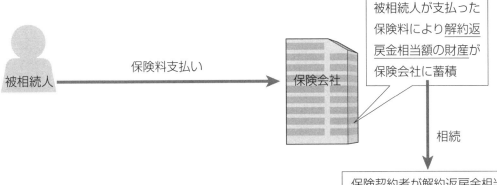

Q16 父の勤務先から退職金をもらったらどうなるの？

> **Q** 父の勤務先から死亡退職手当金と弔慰金が支給されました。これらの取扱いについて教えてください。

A 死亡退職金等や弔慰金は、民法上の相続財産ではありませんが、その実質的な経済効果により一定のものについては課税の公平を図るために、相続税法では相続財産とみなして相続税の対象としています。死亡退職金等や弔慰金には、非課税金額がありますが、弔慰金は別途取扱いが異なります。

死亡退職手当金等

被相続人の死亡により支給されるべきであった退職手当金、功労金その他これに準ずる給与で、被相続人の死亡後3年以内に支給が確定したものは、相続財産とみなされます。なお、相続財産とみなされる退職手当金等とは、その名称いかんにかかわらず、実質的に被相続人の退職手当金等として支給される金品をいいます。

会社の退職金規程により受取人が指定されている場合には、退職手当金等は受取人固有の財産であるため、遺産分割協議の対象とはなりません。受取人の指定がされていない場合には、遺産分割の対象となる相続財産に含まれ、遺産分割協議が必要です。

(注) 退職手当金等で死亡後3年以内に支給が確定しないものについては、支給額が確定したときに所得税の一時所得として取り扱われます。

弔慰金

被相続人の死亡により相続人等が受ける弔慰金等がある場合には、その弔慰金について下記の金額までは、相続税の対象になりません。なお、その金額を超える分は、退職手当金等として、相続税の対象となりますが、下記の非課税金額を差引くことができます。

業務上の死亡	業務上以外の死亡
普通給与の3年分	普通給与の6か月分

相続人が取得した退職手当金等の非課税金額

　みなし相続財産となる退職手当金等について、相続人（相続の放棄をした者及び相続権を失った者を除きます。）が取得した金額の合計額のうち、下記の非課税金額までは、相続税は課されません。

$$非課税金額　＝　500万円　×　法定相続人の数（Q 5 参照）$$

Q17　全く通帳が見当たらないけど、どうしたらいいの？

> **Q**　亡くなった父は複数の銀行と取引があったはずですが、その通帳が見当たりません。どうしたらいいのでしょうか？

A　銀行と支店がわかる場合は、その銀行に相続人が下記のものを持参し「亡くなった父名義の残高を知りたい」と伝えれば名前で検索をしてくれます。残高証明書を発行してもらうことで口座番号と残高が確定できます。また、過去の口座取引（収入支出）の内容を知りたい場合にも内容を開示してもらうことが可能です。

金融機関に持参するもの（金融機関により差異があります。）

預貯金の残高証明書をもらいたい場合

- 被相続人の死亡の事実がわかる除籍謄本等
- 被相続人と相続人（申請者）の相続関係が証明できる戸籍謄本等
- 申請者の身分証明書（運転免許証など）
- ※　相続人1人でも残高証明書は入手することが可能です。

預貯金の払戻し（名義変更）等を行う場合（遺言書がない場合）

- 遺産分割協議書（又は銀行所定の「相続手続依頼書（相続人全員の実印押印が必要）」）
- 被相続人の出生から死亡までの連続した戸籍
- 相続人全員の印鑑証明書（発行から3か月以内のもの）
- 払戻しを受ける者の実印
- ※　遺産分割協議が整う前に、預貯金の払戻しが必要になる場合には「遺産分割前の預貯金の払戻し制度」の利用を検討ください。一定額については家庭裁判所の手続を要せずに払戻しを受けることが可能です。詳細については、専門家や取引先金融機関にご確認ください。

預貯金の払戻し（名義変更）等を行う場合（遺言書がある場合）

- 遺言書（Q50（128ページ参照））
  自筆証書遺言……検認手続がなされている（自筆証書遺言書保管制度を活用
  　　　　　　　　する場合は不要）遺言書原本

公正証書遺言……公証人の署名のある正本又は謄本

秘密証書遺言……公証人の署名のある正本又は謄本

- 受遺者全員の印鑑証明書（発行から3か月以内のもの）
- 被相続人の死亡日の記載がある戸籍謄本
- 払戻しを受ける者の実印

コラム ⑨

隠しすぎたら、見つからない

「先生、こんなものが見つかったんですよ。」

相続税申告を依頼され、作業もほとんど済むかという頃、依頼者が税理士事務所に駆け込んできました。

亡くなられたご婦人は気丈な方で、80歳を過ぎても一人暮らしでした。相続人は長男、二男の2人。すでにそれぞれ家を構えているので、亡母が暮らしていた土地を売却しようということになりました。売却に当たっては、古い木造家屋を取り壊さなくてはなりません。つつましく暮らしていた亡母の家には、いろいろな物が雑然と遺されています。ほとんど家とともに処分してよい物ばかりでしたが、いくつか思い出の品物を取り分けようと、家財を整理しに通っていたそうです。

玄関脇の大きな戸棚には、下駄や草履を入れた箱がいくつもあります。もう履く人もいないね、と次々と整理していったところ、そのひとつから、無記名の割引債の束が出てきたというのです。その額、1,000万円を超えていました。

亡父の遺した財産に、つつましい生活の中から加えていったのかも知れません。その大きな財産の保管場所をどこにしたらよいでしょう。家の奥ではなく玄関先、しかもがさつな下駄や草履の箱。万一火事騒ぎにでもなったら、玄関先から箱をかかえて飛び出していくこともできます。空き巣に狙われても気がつかないでしょう。事実、子たちも気がつきませんでした。来週にはブルドーザーが入るというとき、偶然見つけました。

無記名割引債は、証書がなければ換金できません。家財と一緒にブルドーザーで潰されるところでした。

隠しすぎると見つからないのです。

Q18　葬式費用の領収書はとっておいた方がいいの？

> **Q**　葬式費用の領収書はとっておいた方がいいと聞きますが、なぜですか？
> 相続税の計算上有利になりますか？

A　被相続人の債務、葬式費用は相続税の計算上、プラスの財産からマイナスすることができます。

葬式費用は亡くなった人のマイナスの財産ではありませんが、死亡に伴って必然的に生ずる費用であるため控除することができます。

◆葬式費用の範囲◆

①密葬費用、お通夜の費用、仮葬式費用、本葬費用など	②僧侶・寺院へのお布施など	③葬儀会場費用、通夜の飲食代など	④遺体運搬費用など
葬式若しくは葬送に際し、又はこれらの前において、埋葬、火葬、納骨又は遺体若しくは遺骨の回送その他に要した費用	葬式に際し、施与した金品で被相続人の職業、財産その他の事情に照らして相当程度と認められるものに要した費用	①又は②のほか、葬式の前後に要した費用で通常葬式に伴うものと認められるもの	死体の捜索又は死体若しくは遺骨の運搬に要した費用

(※)　次のものは、葬式費用とはなりませんので注意をしてください。
- 香典返戻費用
- 墓碑及び墓地の買入費並びに墓地の借入料
- 法要に要した費用（初七日、四十九日の費用）
- 医学上又は裁判上の特別に処置に要した費用（遺体解剖費用など）

アドバイス！

- 葬儀費用等は領収書の有無にかかわらず、ノートにメモをしましょう。
- 葬儀に受け取る香典や霊前の扱いについては、香典帳等を残します。
- 喪主が受け取る香典や霊前は、贈与税等の課税対象となりません。

<債務控除の範囲（納税者の区分別（Q12（33ページ）参照）>

無制限納税義務者	制限納税義務者
● 被相続人の債務で相続開始の際に現に存するもの（租税公課を含みます。）のうち、その者の負担に属する部分の金額 ● 被相続人の葬儀費用で、その者の負担に属する部分の金額	● その財産に係る租税公課（固定資産税等） ● その財産を目的とする留置権、特別の先取特権、質権又は抵当権で担保される債務 ● その財産の取得、維持又は管理のために生じた債務 ● その財産に関する贈与の義務 ● その他、一定の営業上又は事業上の債務

※ 制限納税義務者については、葬式費用が控除できません。また、債務控除の対象となる債務は、取得財産（国内財産）に係るものだけになります。

医療費の取扱いについて

● 被相続人の医療費で、相続開始時までに支払ったものについては、所得税の準確定申告で医療費控除の対象となります。

● 被相続人の医療費で、相続開始後に被相続人と同一生計の相続人が支払った場合は、その相続人の所得税の確定申告の医療費控除の対象となります。この医療費は、準確定申告で被相続人の医療費控除とはならず、相続税の計算上、未払金として債務控除の対象となります。

社葬の場合

　法人がその役員、従業員が死亡したために社葬を行い、その費用を負担した場合には、その社葬を行うことが社会通念上相当と認められるときには、社葬のために通常要すると認められる金額は、その法人の経費となります。その法人の株式を被相続人が所有していた場合に、その株式を評価するとき（Q74（197ページ）参照）に純資産方式を適用する際に、負債として取り扱います。

　社葬の会葬者が持参した香典等を法人の収入とせずに、遺族の収入とすることもできます。なお、社会通念上相当な香典は課税されません。

Q19　配偶者に相続税がかからないのは本当？

> **Q**　相続税を計算するに当たって、税金が軽減される場合と、税金が重くなる場合があると聞きましたが、その内容について教えてください。

A　各相続人や受遺者の相続税の計算をする際には、相続税の総額を計算したのちに、各相続人の相続税額を算出し、その金額から各人の事情に応じて「相続税額の２割加算（Q22（58ページ）参照）」と「各種税額控除」を適用して相続税額を計算します。

相続税の税額控除には、贈与税額控除、配偶者に対する相続税額の軽減、未成年者控除（Q20（54ページ）参照）、障害者控除（Q20（54ページ）参照）、相次相続控除（Q21（56ページ）参照）、外国税額控除、相続時精算課税による贈与税額の控除（Q28（70ページ）参照）があります。

配偶者に対する相続税額の軽減

配偶者に対する相続税額については、被相続人の死亡後における老後の生活保障などに配慮をして、一定の書面を添付した申告書を提出した場合に限り、相続税の軽減措置が適用されます。

具体的には、配偶者が相続した財産の課税価格について、次の金額のうちいずれか大きい金額までは、相続税はかかりません。

配偶者の法定相続分	１億6,000万円

※　上記の規定は、配偶者が実際に相続税の申告期限までに取得した財産について適用されますので、相続税の申告期限までに分割が確定していない未分割財産については、一定の手続と相続税の納付が必要となります。

配偶者の範囲

配偶者は、その被相続人との婚姻について、婚姻の届出をしている者に限られます。したがって、事実上婚姻関係と同様の事情にある者であっても婚姻の届出をしていない、いわゆる内縁関係にある者は含まれません。

仮装、隠蔽財産には、配偶者の税額軽減は適用不可

　相続税の納税義務者が、被相続人の配偶者の課税価格の計算の基礎となるべき事実の全部又は一部を隠蔽又は仮装し、その隠蔽又は仮装したところに基づき相続税の申告書を提出し、又は提出していなかった場合において、相続税の調査があったことにより更正又は決定があるべきことを予知して期限後申告書又は修正申告書を提出するときは、これらの申告書に係る相続税額についての配偶者の相続税額の軽減額の計算に当たっては、配偶者の課税価格のうち、その隠蔽又は仮装した事実に基づく金額は、税額の軽減の対象には含まれません。

　なお、ここでいう相続税の納税義務者には、被相続人から相続、遺贈又は相続時精算課税の適用を受けた贈与により財産を取得して、相続税の納税義務のあるすべての者をいい、当該被相続人の配偶者に限りません。

配偶者が50%取得するのが最適か

　配偶者の相続税額の軽減の規定があるため、配偶者が遺産の1/2を取得するケースが一般的と思われますが、配偶者が固有財産を保有している場合など第二次相続まで見据えたときに、本当に最適かどうかは検証が必要です。

　配偶者と子が相続人である第一次相続を考えると、法定相続分がそれぞれ1/2となり、課税価格が3億2,000万円以上か以下かにより、計算過程は異なりますが、ここでは、課税価格が3億2,000万円以上の場合を想定して検証します。

事例

小規模宅地等の特例適用による軽減後の課税価格　6億円

相続人＝配偶者（固有財産が3,000万円あるとします。）、子1人

□第一次相続

① 課税価格　6億円

② 基礎控除

　3,000万円＋600万円×2人＝4,200万円

③ 差引金額

　①－②＝5億5,800万円

④ 相続税の総額

　5億5,800万円×1/2＝2億7,900万円

2 億7,900万円×45％－2,700万円＝9,855万円

9,855万円×2＝1億9,710万円

⑤　第一次相続の最小税額

配偶者が3億円を取得すれば税額は最小となります。

1億9,710万円×3億円／6億円＝9,855万円……Ａ

□第二次相続

①　課税価格

第一次相続で取得した3億円と配偶者の固有財産の3,000万円を足した3億3,000万円と仮定します。

②　基礎控除

3,000万円＋600万円＝3,600万円

③　差引金額

①－②＝2億9,400万円

④　相続税の総額

2億9,400万円×45％－2,700万円＝1億530万円……Ｂ

⑤　第一次相続＋第二次相続

Ａ＋Ｂ＝2億385万円

ここで、第二次相続の④に注目すると、税率が45％となっていますが、これは2億円超3億円以下の部分に適用されます（23ページに掲げる相続税の速算表を参照）。

したがって、第二次相続の課税価格が、2億円以下になれば、限界税率（適用される最高税率）の45％の部分がなくなり、限界税率が40％となります。

第一次相続の時点で、配偶者が法定相続分から9,400万円減らして取得したとすると、第一次相続の税額は次のとおりとなります。

● 配偶者軽減　1億9,710万円×2億600万円/6億円＝6,767万円

● 納付税額　1億9,710万円－6,767万円＝1億2,943万円……Ａ'（＋3,088万円）

□第二次相続

①　課税価格

第一次相続で取得した2億600万円と配偶者の固有の財産3,000万円との合計2億3,600万円

②　基礎控除

3,000万円＋600万円＝3,600万円

③　差引金額

①－②＝2億円

④　相続税の総額

2億円×40％－1,700万円＝6,300万円……B'（△4,230万円）

⑥　合計

A'＋B'＝1億9,243万円（▲1,142万円）

第一次相続で3,088万円多く納付しなければなりませんが、第二次相続で4,230万円少なくなりますので、合計で1,142万円が軽減されます。

なぜこうなるかというと、相続税の累進税率構造からきており、平均税率より限界税率の方が高いため、配偶者の取得分が減少することで、第一次相続では平均税率（相続税の総額/課税価格）分だけ税額が増加するのに対し、第二次相続では限界税率分の税額が減少し、結果として合計税額が減少することとなるからです。

● 　第一次相続の平均税率

1億9,710万円/ 6億円＝32.8％

● 　第二次相続の限界税率　45％

ここまで分割方法を考えるのは、例えば、第一次相続の分割が整う前に第二次相続が発生した場合や配偶者の固有財産が多額にある場合に必要となります。

しかし、実際には第二次相続はいつ発生するかわからず、第一次相続の税額が多くなることにより支払う利子（又は失う受取利息）が、有利となる税額に見合うか否か、さらには財産価額の上昇・下落見込み、生活費、生前贈与額、小規模宅地等の特例による減額が適用できるか否かなどを総合的に判断する必要があります。

Q20　未成年者・障害者が相続人の場合はどうなるの？

> **Q**　相続人の中に未成年者がいますが、注意すべき点はありますか？

A　共同相続人の中に未成年者がいる場合には、遺産分割協議に際して、たとえ親権者であっても、子である未成年者の代理をすることは、その未成年者の利益を害するおそれがあり、許されないことになります。その子のために、特別代理人の選任を家庭裁判所に申立てを行う必要があります。未成年の子が2人いれば、それぞれについて特別代理人を選任しなければなりません。なお、未成年の子が相続放棄する際も、親権者との間で利益相反行為に当たり、特別代理人の選任が必要です。

未成年者控除・障害者控除について

　未成年者又は障害者で一定の要件（下記参照）を満たす者が、相続又は遺贈により財産を取得した場合には、原則的として、以下の金額を相続税額から控除することができます。

未成年者控除		（18歳　－　相続開始時の年齢）×10万円
障害者控除	一般障害者	（85歳　－　相続開始時の年齢）×10万円
	特別障害者	（85歳　－　相続開始時の年齢）×20万円

未成年者控除の適用対象者

　以下の①～④のすべての要件を満たす必要があります。

①　相続又は遺贈により財産を取得した者

②　無制限納税義務者（Q12（33ページ）参照）

③　法定相続人

④　18歳未満の者

障害者控除の適用対象者

　以下の①～④のすべての要件を満たす必要があります。

①　相続又は遺贈により財産を取得した者

②　居住無制限納税義務者（Q12（33ページ）参照）

③　法定相続人

④　身体障害の程度が１級又は２級（特別障害者）及び３級から６級（一般障害者）の者又は精身障害の程度が１級（特例障害者）及び２級又は３級（一般障害者）の者

Q　主人（甲）が亡くなり相続人は妻である私（乙）と未成年者である長男（丙）と二男（丁）です。具体的にどのような手続が必要ですか？

A　住所地を管轄する家庭裁判所に特別代理人の申立てを行います。特別代理人は未成年者に対し各１名ずつ必要となりますので、今回のケースでは長男と二男に対し次の親族図表のとおり２名必要となります。特別代理人は相続人以外の方であれば、誰でもなることができます。

<親族図表>

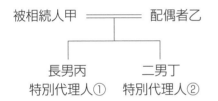

◆申立時の提出書類◆

No.	必要書類
1	特別代理人選任の申立書
2	申立人の戸籍謄本
3	未成年者の戸籍謄本
4	特別代理人の戸籍謄本、住民票
5	遺産分割協議案※

※　遺産分割協議案については未成年者に不利益にならないような内容である必要があります。

相続人に未成年者がいる場合には、特別代理人を選任したうえで遺産分割協議がされるため、通常の場合と比べ遺産分割が完了するまでに時間がかかります。相続税の申告期限に間に合うように、スケジュール管理を行うことが大切です。

Q21 祖父、父と相次いで亡くなったら相続税はどうなるの？

Q 7年前に祖父が他界した後、今年になって父が亡くなりました。父は祖父の相続のときに相続税を納めていましたが、私たちが今回の父の相続で相続税を納めると、二重に相続税を負担している気がします。何か、減額する方法はないのでしょうか？

A 1回目の相続の開始後、10年以内に2回目の相続があった場合、相続税の負担が過重とならないよう、相次相続控除の制度があります。前回の相続において課税された相続税額のうち、1年につき10％の割合で逓減した後の金額が、今回の相続に係る相続税額から控除されます。

第一次相続（祖父から父への相続）
父に相続税が課税

第二次相続（父から子への相続）
子に相続税が課税

相次相続控除の計算

□計算式

各相続人の相次相続控除額は、次の算式により計算した金額となります。

$$A \times \left(\frac{C}{B-A} \right)^{(注)} \times \frac{D}{C} \times \frac{10年 - E}{10年}$$

A：第二次相続の被相続人が第一次相続時に納めた相続税額

B：第二次相続の被相続人が第一次相続時に取得した純資産価額

C：第二次相続の純資産価額の合計額

D：第二次相続のその相続人の純資産価額

E：第一次相続から第二次相続までの期間（1年未満の端数は切り捨て）

(注) この割合が1を超えるときは1とします。

□具体例による控除額

　　Ａ：父が祖父の相続時に納めた相続税額　　　　　400万円

　　Ｂ：父が祖父の相続時に取得した純資産価額　　3,000万円

　　Ｃ：父の相続の純資産価額の合計額　　　　　　8,000万円

　　Ｄ：父の相続のその相続人（子）の純資産価額　4,000万円

　　Ｅ：祖父の相続から父の相続までの期間　　　　　7年

　相次相続控除額として、父が祖父の相続時に納めた相続税額400万円のうち60万円が、父の相続時に納める相続税額から控除されます。

$$400万円 \times \left(\frac{8,000万円}{3,000万円-400万円} < 1 \quad \therefore 1 \right) \times \frac{4,000万円}{8,000万円} \times \frac{10年-7年}{10年} = 60万円$$

相次相続控除の適用要件

□第二次相続の被相続人の相続人であること

　相次相続控除の適用対象者は、相続人に限定されています。

□その第二次相続の開始前10年以内に開始した第一次相続により、第二次相続の被相続人が財産を取得していること

□第一次相続により取得した財産について、第二次相続の被相続人に相続税が課税されたこと

相次相続控除の注意点

□相続人でないと適用できない

　相続の放棄をした人および相続権を失った人が、たとえ遺贈により財産を取得しても、適用できません。

□第一次相続で相続税が課税されていないと適用がない

　第一次相続で配偶者の税額軽減により相続税が課税されなかった場合、その配偶者が亡くなった第二次相続において、相次相続控除を受けることはできません。

□世代間の相続に限らず、兄弟姉妹間の相続でも適用できる

□未分割でも適用できる

□相次相続控除を適用して相続税額が０円となるときは、相続税の申告が必要ない

□相続税申告で適用を忘れても、５年以内であれば更正の請求ができる

Q22 孫を養子にすると相続税が少なくなるの？

Q 自分の孫を養子に入れると相続税が少なくなるというのは本当ですか？

A 孫を養子に入れることで法定相続人の数が増えるので基礎控除額が増加します（Q5（14ページ）参照）。生命保険金の非課税金額（Q13（37ページ）参照）、退職手当金等の非課税金額（Q16（44ページ）参照）も増加します。法定相続人が増え、相続税の総額の計算上、税率を乗ずる際の取得金額（Q9（23ページ）参照）が小さくなり、累進税率が抑えられることにより相続税の総額を小さくできる場合もあります。

相続税額の2割加算について

孫を養子にすることにより、次の親族図表のように被相続人から直接孫に遺産を承継する場合（点線）は、通常の相続（実線）と比較し相続税の課税を1回免れることができます。なお、遺言で孫に直接遺産を承継することも可能です。

ただし、相続や遺贈によって財産を取得した者が、その被相続人の一親等の血族及び配偶者のいずれでもない場合には、その者の相続税額にその相続税額の20%に相当する金額が加算されます。孫養子は一親等の血族ですが、相続又は遺贈により財産を取得した場合は、2割加算の対象となります（代襲相続人となっている場合を除きます。）。

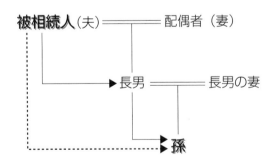

世代をとばして相続税が少なくなる具体例

【一代とばしをしないケース】 被相続人から長男が10億円の遺産を承継し、長男の相続時に孫へ相続税支払い後の遺産を承継する場合

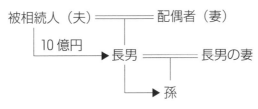

◆被相続人相続時◆

項目	長男
総遺産	100,000万円
課税価格	100,000万円
基礎控除額	▲4,200万円
相続税額※	39,500万円

◆長男相続時◆

項目	孫
総遺産※	60,500万円
課税価格	60,500万円
基礎控除額	▲4,200万円
相続税額	19,935万円

※ 100,000万円−39,500万円＝60,500万円

相続税額合計　　　39,500万円＋19,935万円＝59,435万円

税引き後取得額（孫）　60,500万円−19,935万円＝40,565万円

【一代とばしをするケース】 被相続人から遺言により孫が10億円の遺産を承継する場合

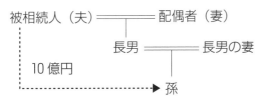

◆被相続人相続時◆

項目	孫
総遺産	100,000万円
課税価格	100,000万円
基礎控除額	▲4,200万円
算出相続税額	39,500万円
相続税額2割加算※	7,900万円
相続税額	47,400万円

※ 39,500万円×20％＝7,900万円

相続税額合計　　　47,400万円

税引き後取得額（孫）　100,000万円−47,400万円＝52,600万円

　上記の比較により、【一代とばしをするケース】の方が、トータルで支払う税額が1億2,035万円少なくなり、結果的に2割加算の適用があっても有利となることが確認できます。

Q23 相続税の納付は現金で一括なの？

Q 相続税の納付期限と納付方法について教えてください。

A 相続税の期限内申告の納付期限は、相続の開始があったことを知った日（通常の場合は、被相続人の死亡の日）の翌日から10か月以内です。つまり、相続税の申告期限と同じ日になります。また、相続税は納付期限までに、金銭で一括納付することが原則となります。ただし、一定の要件のもとで、延納制度と物納制度があります。

納付期限

相続税は、次に掲げる日までに納付しなければなりません。

期限内申告書	相続の開始のあった日の翌日から10か月以内
修正申告書	修正申告書を提出した日
期限後申告書	期限後申告書を提出した日
更正又は決定	更正又は決定通知書が発せられた日の翌日から起算して１か月を経過する日

納付方法

相続税は、納付期限までに金銭で一括納付することが原則です。しかし、納付期限までに金銭で納付することが困難な場合には、相続税の分割払い（延納制度）をすることが認められ、さらに延納制度によっても金銭で納付することが困難な場合には、相続した財産により納付（物納制度）することが認められます。

延納制度について

延納制度とは、納付期限までに金銭で納付することが困難とする事由がある場合に（相続財産だけでなく、固有財産を含めて納付困難である必要があります。）、一定の要件のもとで年賦により分割納付をすることができます。ただし、延納期間中は利子税の納付が必要となります。また、この制度を利用する際には、分割で納付しようとする相続税額及びそれに課される利子税の額に見合った担保を提供する必要があります。

延納の申請

次のすべての要件を満たすことが必要です。

● 申告・更正又は決定による税額が10万円を超えること

● 納付期限又は納付すべき日に、金銭で納付することが困難であること

● 担保を提供すること（ただし、延納税額が100万円未満で、かつ、延納期間が3年以下である場合は、担保提供の必要はありません。）

● 相続税の納期限又は納付すべき日までに延納申請書等を提出すること

物納制度について

物納制度とは、納期限までに延納によっても金銭での納付を困難とする事由がある場合に、一定の要件のもとに、一定の相続した財産により納付をすることができる制度をいいます。また、この制度を利用する際には、納期限までに物納申請書及び物納手続関係書類等を提出する必要があります。ただし、物納に充てることができる財産には、さまざまな制限がありますので、事前に対策を講じることが必要です。

物納財産の収納価額は、原則として、課税価格の計算の基礎となったその財産の相続税評価額となります。したがって、小規模宅地等の特例の適用を受けた土地等については、特例適用後の価額が収納価額となります。

延納から物納への変更について（特定物納制度）

延納の許可を受けた者が、その後の資力の変化等により延納を継続することが困難となった場合には、その困難とする金額を限度として、その相続税の申告期限の翌日から10年以内の申請により、延納から物納に変更することができます。ただし、利子税及び延滞税は、特定物納の対象とはなりません。

Q24　他の相続人の税金を負担することもある？

Q　相続税の連帯納付とは、どのような制度でしょうか？

A　相続税では連帯納付義務があるため、共同相続人のうち他の相続人が相続税を払えなかった場合には、他の共同相続人で相続税を負担しなければなりません。

　遺産の分割において、どのように分割するかなど、その一切を相続人間で行うことなどから、相続税法では負担の公平や相続税債権確保等の見地から、共同相続人相互間など一定の者の間において、互いに連帯納付義務を負わせています。
　ただし、連帯納税義務は、仮に誰かが相続税を払えない場合であっても直ちに他の相続人に税務当局から連帯納付義務を求められるのではなく、その滞納をしている相続人の資力を調査し、差押さえなどをした結果、税務当局が納税が不可能という判断を下した場合に、連帯納付義務が発生することとなります。
　なお、次に掲げる場合には、連帯納付義務を負わないことになります。

申告期限から5年を経過した場合

　相続税の申告書の提出期限等から5年を経過する日までに、税務署長が連帯納付義務者に対して一定の通知書を発していない場合には、その連帯納付義務者は、本来の納税義務者が納付すべき相続税額の連帯納付義務を負わないことになります。

延納の許可を受けた場合

　納税義務者が延納の許可を受けた場合には、その延納の許可を受けた相続税額の連帯納付義務を負わないことになります。したがって、将来、本来の納税義務者が分納税額を滞納した場合であっても、その分納税額については連帯納付義務を負うことはありません。

納税猶予の適用を受けた場合

　納税義務者が相続税について、一定の納税猶予の適用を受けた場合には、その納税が猶予された相続税額の連帯納付義務を負わないことになります。

Q25 贈与税とはどのような税金？

> **Q** 贈与税とはどのような税金ですか？　相続税とはどのような関係がありますか？

A 贈与とはあげる側（贈与者）が与える意思を表示し、もらう側（受贈者）がもらうことを了承することで成立する行為です。この贈与が行われた場合に、もらった財産の価額に応じて、財産をもらう側に贈与税が課税されます。また、贈与税には相続税の補完税的役割があります。

相続税の補完税的役割とは

人の死亡により遺産が移転した際、相続税が課税されます。贈与税がなければ、死亡した時点で被相続人が有する財産が少なければ、相続税の負担が減るので生前に財産を配偶者や子に贈与することが予想されます（下記図参照）。そこで、贈与税を設けて、生前の贈与による相続時の課税財産を減らすことに歯止めがかけられました。

また、贈与税の税率区分は相続税の税率区分よりも高くなっています。

こうした経緯で贈与税が設けられたため、贈与税は相続税の補完税といわれています。

もし贈与税がなかったら？

被相続人が10億円の財産を有していたと仮定すると、本来10億円の財産に相続税がかかります。もし、贈与がすべて非課税だとすると、相続までに財産を子に移転してしまえば、相続税は0になります。このため、贈与税を設けて財産の移転に歯止めをかけています。

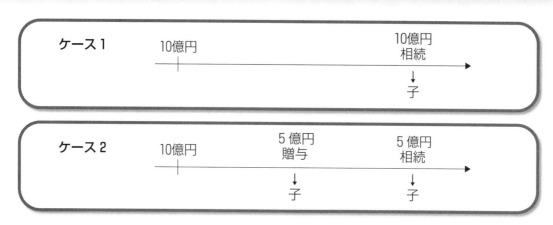

税務調査では

　税務調査では被相続人の預金の支出について過去に遡って調べられます。理由は被相続人の預金が過去に相続人等への移転により減少していないかを確認するためです。過去の通帳で大きな支出がある場合は支出の理由を通帳にメモ書きするなど内容を明確にしておきましょう。

税務調査で要注意！！

　贈与税を支払わず移転された預金等については貸付金等として相続財産に含まれる可能性があります。

＜相続人等に対する貸付金＞

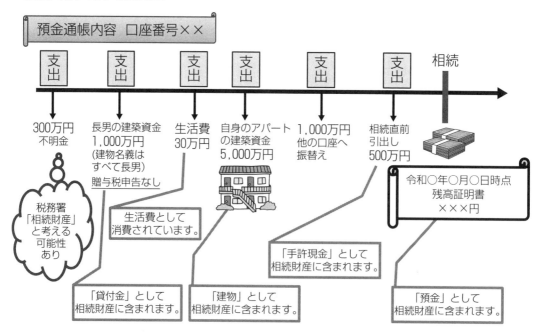

Q26　贈与税には、2つの制度があるの？

> **Q**　贈与税には暦年課税制度と相続時精算課税制度とがあるそうですが、それぞれの主な特徴について教えてください。

A　贈与税の制度には、「暦年課税制度」と「相続時精算課税制度」の2つがあります。

両制度の主な特徴は、以下のとおりです。

贈与税の制度	贈与税の計算	相続税との関係
暦年課税制度	・基礎控除110万円までは贈与税がかからない。 ・税率は2パターンの超過累進税率。	・相続開始前7年以内（※1）の贈与財産（4年〜7年分は合計で100万円を控除した残額）については、基礎控除に関係なく、相続財産に加算。 ・左欄で納めた贈与税額は、相続税額を限度に控除（マイナス分は還付されない）。
相続時精算課税制度	・毎年110万円の基礎控除がある（※2）。 ・基礎控除とは別に、累積で2,500万円の特別控除がある。 ・上記の範囲内であれば、贈与税がかからない。 ・税率は一律20%。	・暦年課税制度と異なり、贈与の時期にかかわらず、贈与財産から毎年の基礎控除110万円（※2）を控除した残額が相続財産に加算。 ・左欄で納めた贈与税額は、相続税額から全額控除（マイナス分は還付される）。

（※1）　令和5年12月31日までの贈与については、相続開始前3年以内の贈与財産です。
（※2）　令和5年12月31日までの贈与については、基礎控除はありません。

どちらを使うかは選択制

これらの制度は、いずれかの選択制の制度です。両制度ともに、贈与した財産が贈与税の課税対象になりますが、それ以外にも相続税の計算に影響します。

両制度の内容の詳細については、「Q27　贈与税の暦年課税制度ってどのような制度なの？」、「Q28　相続時精算課税制度ってどのような制度なの？」で解説しています。

なお、相続時精算課税制度を選択した場合、その選択をした年分以降すべてこの制度が適用され、その選択に係る贈与者から贈与を受ける財産については、暦年課税制

度へ変更することはできません。

暦年課税制度と相続時精算課税制度のどちらが得か

例えば現金2,000万円を親から長男へ贈与するとします。

令和6年以後に一括（1年間）で2,000万円の贈与をする場合、相続時精算課税制度では、基礎控除110万円を控除した残額（1,890万円）から特別控除2,500万円を限度に控除できるので、贈与税は0となります。暦年課税制度の場合は、基礎控除110万円を控除した残額に贈与税が課税され、税率の低い特例贈与の税率であっても約585万円の贈与税が課税されます。

したがって、親から長男へ2,000万円を贈与した場合について、贈与税のみに焦点をあてると、特別控除額2,500万円がある相続時精算課税制度の方が得だといえます。

将来の相続時の税額を含めての検討

上記の例で、親に相続が発生した際に、長男に2,000万円を贈与したのが10年前であったらどうなるでしょうか。

暦年課税制度であれば、相続開始前7年より前に贈与されたものは相続税の計算に含まれないので、相続税に影響ありません。しかし、相続時精算課税制度では、10年前の贈与であっても基礎控除110万円を控除した残額である1,890万円を相続財産に含めて、相続税を計算することになります。

相続財産の課税価格次第ですが、相続時精算課税制度を利用した場合、贈与税はかかりませんが、相続税が高額になってしまうこともあり得ます。

このように、税負担を少なくして次世代へ財産を移転するためには、贈与税の計算だけではなく、相続税の計算も含めたトータルで判断する必要があります。詳しくはQ35（88ページ）とQ36（91ページ）を参照ください。

Q27　贈与税の暦年課税制度ってどのような制度なの？

 贈与税の暦年課税制度について詳しく教えてください。

 暦年課税制度の内容は以下のとおりです。

適用要件

毎年１月１日から12月31日までに受ける贈与

税率

一般贈与と特例贈与の２種類あります。税率はいずれも10％〜55％ですが、税率構造が異なります。特例贈与の方が、贈与税は低くなります。

【特例贈与】

18歳以上の人が直系尊属（父母・祖父母）から受ける贈与

【一般贈与】

上記「特例贈与」以外の贈与（18歳未満の人が受ける贈与や、父母・祖父母以外から受ける贈与）

贈与税率表は以下のとおりです。課税価格が大きければ大きいほど税率が大きくなる仕組み（累進税率）となっています。

◆特例贈与の速算表◆

基礎控除後の課税価格	税率	控除額
200万円以下	10%	－
400万円以下	15%	10万円
600万円以下	20%	30万円
1,000万円以下	30%	90万円
1,500万円以下	40%	190万円
3,000万円以下	45%	265万円
4,500万円以下	50%	415万円
4,500万円超	55%	640万円

◆一般贈与の速算表◆

基礎控除後の課税価格	税率	控除額
200万円以下	10%	－
300万円以下	15%	10万円
400万円以下	20%	25万円
600万円以下	30%	65万円
1,000万円以下	40%	125万円
1,500万円以下	45%	175万円
3,000万円以下	50%	250万円
3,000万円超	55%	400万円

暦年課税制度による贈与税の計算方法

贈与財産の価額－基礎控除110万円＝課税価格

課税価格に対して、「特例贈与」または「一般贈与」の速算表を使って算定します。

※贈与税の計算は1月1日から12月31日までに贈与を受けた金額が対象になります。

※基礎控除110万円は毎年利用することが可能です。

※贈与税を納めるのは受贈者です。

贈与税の具体的な計算例

（例）長男が令和6年中に次の2つの贈与（特例贈与）を受けた場合の計算

令和6年1／30　　　　　8／2

父から500万円の贈与　　祖母から500万円の贈与

500万円＋500万円－基礎控除110万円＝890万円（課税価格）

890万円×30％－90万円＝177万円（贈与税額）

相続税との関係

相続開始前7年以内（令和5年12月31日までの贈与については、3年以内）の贈与財産については、相続財産に加算されます。

加算対象となる金額は贈与財産の贈与時の価額です。

そのうえで、納めていた贈与税額がある場合には、相続税額から控除します。相続税額よりも贈与税額が多い場合でも、贈与税は還付されません。

なお、加算対象となる贈与は、相続又は遺贈により財産を取得する人に対する贈与だけであり、例えば相続の対象とならない孫等に対する贈与については、期間に関わらず、加算対象になりません。

税制改正

令和5年12月31日までに贈与により取得する財産については「相続開始前3年以内加算」でしたが、令和5年度税制改正により、令和6年1月1日以後に贈与により取得する財産については「相続開始前7年以内加算」へと加算期間が延長されました。

　延長された期間の贈与は令和 6 年 1 月 1 日より前にはさかのぼらないことになっており、実際の延長は以下のとおりです。

相続の開始時期	加算対象期間
令和 8 年までに開始の相続	3 年
令和 9 年中に開始の相続	3 年＋α（※ 1）
令和10年中に開始の相続	4 年＋α（※ 2）
令和11年中に開始の相続	5 年＋α（※ 3）
令和12年中に開始の相続	6 年＋α（※ 4）
令和13年以降に開始の相続	7 年

（※ 1）　令和 6 年〜 8 年中の贈与と、令和 9 年 1 月 1 日から相続開始までの贈与が対象
（※ 2）　令和 6 年〜 9 年中の贈与と、令和10年 1 月 1 日から相続開始までの贈与が対象
（※ 3）　令和 6 年〜10年中の贈与と、令和11年 1 月 1 日から相続開始までの贈与が対象
（※ 4）　令和 6 年〜11年中の贈与と、令和12年 1 月 1 日から相続開始までの贈与が対象

　表のとおり、改正に伴う期間が延長されるのは実際には令和 9 年以降に開始する相続からです。また、加算期間が 7 年になるのは、令和13年以降に開始する相続からです。

　加算期間が延長されると、相続税の計算の際に過去にさかのぼって、贈与の記録を探す必要があり、相続の際の計算が複雑化されることが予想されます。そのため、上記の加算期間延長の改正の際に、「贈与により取得した財産のうち相続開始前 3 年以内に取得した財産以外の財産にあたって100万円を控除する」こととなりました。

Q28 相続時精算課税制度ってどのような制度なの？

 相続時精算課税制度について詳しく教えてください。

A 相続時精算課税制度の内容は以下のとおりです。

適用要件

対象者

贈与者（財産をあげる人）…60歳以上の父母 又は 祖父母など
受贈者（財産をもらう人）…18歳以上で、かつ贈与者の直系卑属（子や孫など）であ
る推定相続人

なお、年齢の判定時期は贈与をする年の１月１日です。

手続

最初に相続時精算課税を選択適用する贈与を受けた年の翌年２月１日から３月15日
までの間に、税務署へ「相続時精算課税選択届出書」を一定の書類とともに贈与税の
申告書に添付して提出する必要があります。なお、令和６年１月１日以降の贈与につ
いては贈与財産が110万円以下の場合は、贈与税の申告書自体の提出は不要です。

その他

相続時精算課税制度の選択は、贈与者ごとにすることができます。

ただし、この制度を選択するとその後は、その贈与者からの贈与について、暦年課
税制度を選択することができません。

相続時精算課税制度による贈与税の計算方法

贈与財産の価額－基礎控除額110万円（※１）－特別控除2,500万円（※２）
＝課税価格

課税価格に対して一律20％の税率を乗じて算定します。

（※１） 基礎控除110万円は毎年利用することが可能です。なお、令和５年12月31日までの贈与
については、110万円の基礎控除はありません。
（※２） 特別控除額2,500万円は前年までに使用した金額がある場合には、その残額のみ利用可能

です。

（※３）　贈与税は、毎年１月１日から12月31日までに贈与を受けた金額が対象になります。

（※４）　上記の計算は財産の贈与者ごとに行います。

（※５）　贈与税を納めるのは受贈者です。

贈与税の具体的な計算例

（例）長男が令和６年中に次の２つの贈与を受け、ともに相続時精算課税制度を
　　　初めて利用する場合の計算

　　　　　令和６年１／30　　　　　　　　　　８／２

　　　父から3,000万円の贈与　　　祖母から2,000万円の贈与

- 父からの贈与分の贈与税の計算

　3,000万円－基礎控除66万円（※１）－特別控除2,500万円＝434万円（課税価格）

　434万円×20％＝86.8万円（贈与税）

- 祖母からの贈与分の贈与税の計算

　2,000万円－基礎控除44万円（※１）－特別控除1,956万円＝０円（課税価格）

　∴贈与税なし。（※２）

（※１）　基礎控除110万円は以下のとおり贈与者ごとに按分して計算する必要があります。

　　　・父からの贈与分の基礎控除の計算

$$110万円 \times \frac{3,000万円}{3,000万円＋2,000万円} ＝66万円$$

　　　・祖母からの贈与分の基礎控除の計算

$$110万円 \times \frac{2,000万円}{3,000万円＋2,000万円} ＝44万円$$

（※２）　祖母から受ける贈与については、来年以降544万円（＝2,500万円－1,956万円）の
　　　　特別控除が利用可能です。

相続税との関係

　贈与した時期にかかわらず、この制度を適用した全ての財産を贈与時の価額で相続財産に加算します。

　加算対象となる金額は、原則として、贈与財産の価額から基礎控除を控除した金額です（次ページ「税制改正」参照）。

　納めていた贈与税額がある場合には、相続税額から控除します。相続税額よりも贈与税額が多い場合には還付されます。

なお、暦年課税制度と異なり、相続又は遺贈により財産を取得していない人についても、生前に相続時精算課税制度により贈与を受けた財産を、相続又は遺贈により財産を取得したものとみなして、相続税の対象となります（Q10（28ページ）参照）。

税制改正

　相続時精算課税制度による贈与により取得する財産については、令和5年12月31日まで基礎控除はありませんでしたが、令和5年度税制改正により、令和6年1月1日以後の贈与から110万円の基礎控除が設けられました。さらに、贈与財産である土地建物が災害等により一定の被害を受けた場合には、贈与財産の価額から被害を受けた金額を控除した額が加算対象となります（Q37（97ページ）参照）。また、加算対象となる金額から基礎控除の金額を控除する取扱いは、暦年課税制度にはなく、まとまった資産を効率的に次世代に移転しやすくするための制度として改正されています。

　活用方法についてはQ35とQ36を参照してください。

Q29　住宅取得資金の贈与を受けた場合は税金はかからないの？

> **Q** 私は新たに住宅を取得するため親からの援助を受けることになりました。住宅を取得するために贈与を受けた場合は贈与税がかからないと聞きましたが本当でしょうか？

A　住宅取得に当たって親や祖父母から資金的な援助を受けた場合には、一定の要件を満たすことにより、「住宅取得等資金の非課税制度」として1,000万円または500万円まで贈与税が課されないことになります。

「住宅取得等資金の非課税制度」は、時限的特例措置のため、令和5年12月31日に終了する予定となっていますが、税制改正により延長される可能性もあります。

Q29とQ30の事例は、延長されることを前提に解説していますが、適用要件や限度額が変更になることもあります。

改正等については、税理士にお尋ねください。

主な適用要件

● 令和4年1月1日から令和5年12月31日までの贈与であること

● 直系尊属（父母・祖父母等）からの贈与であること

● 受贈者がその年1月1日において18歳以上であり、その年分の合計所得金額が2,000万円以下（新築等をする住宅用の家屋の床面積が40平方メートル以上50平方メートル未満の場合は、1,000万円以下）であること

● 贈与の翌年3月15日までに住宅の取得又は新築（新築の工事完了に準ずる状態を含みます。）をしていること

● 贈与の翌年3月15日までに居住していること、又は居住することが確実であると見込まれ同年12月31日までに居住していること

● 新築・取得・増改築等をした建物が日本国内にあり、登記床面積が40平方メートル以上（その年分の合計所得金額が1,000万円超の場合は50平方メートル以上）250平方メートル以下で、かつ、その家屋の床面積の2分の1以上に相当する部分が受贈者の居住の用に供されるものであること

● 中古住宅の場合は昭和57年1月1日以後に建築されたものであること（又は耐震基準の適合証明書等があること）

● 贈与を受けた時に贈与者や受贈者が日本国内に住所を有しない場合や、外国籍の場合には適用されないケースがあります

● 平成21年分から令和3年分までの贈与税の申告で「住宅取得等資金の非課税制度」の適用を受けていないこと

● 自己の配偶者、親族などの一定の特別の関係がある者から住宅用の家屋を取得したものではないこと、またこれらの方との請負契約等により新築もしくは増改築をしたものではないこと

◆非課税金額◆

贈与の時期＼住宅用の家屋の種類	省エネ等住宅	左記以外の住宅
令和4年1月1日から令和5年12月31日までの贈与	1,000万円	500万円

なお、すでにこの特例の適用を受けて贈与税が非課税となった金額がある場合には、その金額を控除した残額が非課税限度額となります。

住宅取得等資金の非課税制度適用後の残額には、暦年課税にあっては基礎控除額（110万円）を適用することができ、また、相続時精算課税にあっては特別控除額（2,500万円）を適用することができます。

キーワード　省エネ等住宅

◆断熱等性能等級4以上又は一次エネルギー消費量等級4以上である住宅
◆耐震等級2以上又は免震建築物である住宅
◆高齢者等配慮対策等級（専用部分）3以上である住宅

なお、省エネ等住宅に該当する場合には確定申告の際には、通常の添付書類の他に「建設住宅性能評価書の写し」又は「住宅性能証明書」などの証明書が必要です。

Q30　親からの援助で家を買う場合はどうしたらいいの？

Q　住宅を購入する予定ですが、購入資金は住宅ローンと親からの援助で調達します。将来の相続税も考慮したうえで、何かアドバイスはありますか？

A　親からの援助金の取扱いは大きく次の３パターンに分類されます。将来の相続税も考慮しながら一番最適な方法を選択しましょう。

	方　法	適用制度	親の相続時	備　考
Ⅰ	援助金の贈与	住宅取得等資金の非課税制度	非課税金額を超えた部分の金額は生前贈与加算の対象となります。	令和５年10月１日時点では、住宅取得等資金の非課税制度は令和５年12月31日に終了する予定となっています（延長される可能性もあります。）。
Ⅱ	援助金の贈与	相続時精算課税制度	相続財産の価額に相続時精算課税制度適用額を加算し相続税を計算します。	親の相続財産が相続時精算課税制度適用額を加算しても相続税の基礎控除以下である場合には有効です。
Ⅲ	親が子の居住用不動産を持分で所有	親の持分相当額を相続により取得（相続時の不動産の評価額で相続税を計算します。）	金銭での贈与より不動産持分評価額の方が一般的に低くなるため、Ⅱの方法と比較すると相続税額が下がります。	―

　上記の組み合わせを併用する方法もあります。

　また、親の援助金のみで子の居住用不動産を購入する場合は、持分の全部を親名義とし相続により承継する方法もあります。この場合は親自身の居住用不動産について要件を満たせば小規模宅地等の特例の適用を受けることも可能となります。

□前提条件

次の3パターンとなります！

 長男の居住用
不動産購入金額：6,000万円

 住宅ローン　　　：3,000万円

親からの援助金：3,000万円

援助金の処理
方法は？

①　金銭贈与
　　住宅取得等資金の非課税制度や
　　相続時精算課税制度を活用

②　親との共有名義

③　親との共有名義
　　＋金銭贈与を併用
　　住宅取得等資金非課税制度や
　　相続時精算課税制度を活用

□ケース①　親から贈与を受け住宅取得等資金の非課税制度と相続時精算課税制度を利用
する場合

親から金銭贈与
3,000万円

建物：2,000万円
土地：4,000万円

子が6,000万円
で購入

すべて子名義

 金融機関から借入れ
3,000万円（住宅ローン控除適用）

　親からの金銭贈与の場合、いずれも贈与税の申告が必要となります。

イ　住宅取得等資金の非課税制度
　　父母・祖父母から18歳以上の子（孫）への贈与が対象となり、500万円（省エネ等
住宅の場合は1,000万円）までが非課税となります。

ロ　相続時精算課税制度
　　祖父母又は親（特例により60歳以上でなくても相続時精算課税制度を選択でき
ます。）からの贈与について2,500万円の特別控除があり、2,500万円を超える部
分については20%の税率で贈与税が課税されます。

　　ケース①の場合、
　　3,000万円（ロの適用部分）－110万円（基礎控除）※－500万円（イの金額）
　　－2,390万円（特別控除）＝0　⇒　贈与税はかかりません
　　※　令和5年12月31日以前の贈与については基礎控除はありません。
　　**ただし、贈与者の相続時点で2,390万円が相続財産として加算され、相続税の対
象となります。**

□ケース②　親と共有名義で居住用不動産を購入する場合

 3,000万円　　購入代金を父と長男で3,000万円ずつ負担

父と長男で１/２ずつの共有名義

 父相続

居住用不動産の１/２に課税

金融機関から借入れ
3,000万円
（住宅ローン控除適用）

 相続税

相続税課税対象額：建物：2,000万円×60%×1/2＝600万円（概算）
　　　　　　　　　　土地：4,000万円×80%×1/2＝1,600万円（概算）
　　　　　　　　　　合計：2,200万円
ケース①の金銭贈与（相続時精算課税利用の場合）
相続税課税対象額：2,390万円

※建物、土地の評価額の計算方法についてはQ52、54を参照ください

【まとめ：ケース①とケース②の比較】
父の遺産総額が相続税の基礎控除を超える場合は②の方が有利

□ケース③　親と共有名義で居住用不動産を購入（住宅取得資金の非課税制度を利用）する場合

  2,500万円　　父2,500万円、長男3,500万円負担

父が25/60、長男が35/60ずつの共有名義

500万円
贈与

  3,500万円

 父相続

居住用不動産の25/60に課税

金融機関から借入れ
3,000万円
（住宅ローン控除適用）

 相続税

相続税課税対象額：建物：2,000万円×60%×25/60＝500万円（概算）
　　　　　　　　　　土地：4,000万円×80%×25/60＝1,333万円（概算）
　　　　　　　　　　合計：1,830万円
ケース②の場合の相続税課税対象額：2,200万円

【まとめ：ケース②とケース③の比較】
親との共有名義で購入する場合でも住宅取得資金の非課税は利用すべき

Q31　教育資金の贈与は贈与税がかからないの？

> **Q**　私は、孫の将来のために、ある程度まとまった資金を贈与したいと思っています。教育資金の贈与は非課税と聞きましたが、どのような制度でしょうか？

A　扶養義務者間における教育費の贈与のうち通常必要と認められるものは非課税となります。また、平成25年4月1日から令和8年3月31日までの間に、金融機関を通じて、一定の要件を満たした直系尊属からの贈与については、「教育資金の非課税制度」として1,500万円まで非課税となります。

扶養義務者間における教育費の贈与

　扶養義務者間における教育費の贈与のうち通常必要と認められるものは非課税となります。これは、父母がいる場合に、祖父母から孫に贈与しても非課税となります。

　ただし、必要資金を超えて贈与したものは課税対象となります。

教育資金の一括贈与に係る贈与税の非課税措置

　受贈者（30 歳未満の者に限ります。）※の教育資金に充てるためにその直系尊属が金銭等を拠出し、金融機関（信託会社（信託銀行を含みます。）、銀行及び金融商品取引業者（第一種金融商品取引業を行う者に限ります。）をいいます。）に信託等をした場合には、信託受益権の価額又は拠出された金銭等の額のうち受贈者 1 人につき1,500 万円（学校等以外の者に支払われる金銭については、500 万円を限度とします。）までの金額に相当する部分の価額については、平成 25 年 4 月 1 日から令和 8 年 3 月31 日までの間に拠出されるものに限り、贈与税が課されません。

※　前年分の受贈者の所得税の合計所得金額が1,000万円を超える場合にはこの制度を利用することはできません。

教育資金とは…？

　教育資金とは、次の金銭をいいます。

学校等に支払われる入学金その他の金銭	学校等以外の者に支払われる金銭のうち一定のもの

(1) 学校等に対して直接支払われる次のような金銭をいいます。

① 入学金、授業料、入園料、保育料、施設設備費または入学（園）試験の検定料など

② 学用品の購入費、修学旅行費や学校給食費など学校等における教育に伴って必要な費用など

(2) 学校等以外の者に対して直接支払われる次のような金銭で教育を受けるために支払われるものとして社会通念上相当と認められるものをいいます。

イ 役務提供又は指導を行う者（学習塾や水泳教室など）に直接支払われるもの

③ 教育（学習塾、そろばんなど）に関する役務の提供の対価や施設の使用料など

④ スポーツ（水泳、野球など）または文化芸術に関する活動（ピアノ、絵画など）その他教養の向上のための活動に係る指導への対価など

⑤ ③の役務の提供又は④の指導で使用する物品の購入に要する金銭

ロ イ以外（物品の販売店など）に支払われるもの

⑥ ②に充てるための金銭であって、学校等が必要と認めたもの

⑦ 通学定期券代、留学のための渡航費などの交通費

適用を受けるための手続

受贈者は、本特例の適用を受けようとする旨等を記載した教育資金非課税申告書を金融機関を経由し、受贈者の納税地の所轄税務署長に提出することになります。

受贈者は、払い出した金銭を教育資金の支払いに充当したことを証する書類を金融機関に提出しなければならず、金融機関は、提出された書類により払い出された金銭が教育資金に充当されたことを確認し、その確認した金額を記録します。

終了時の処理

教育資金管理契約は、主に次のうちいずれか早い日に終了されます。

① 受贈者が30歳に達した場合など	② 受贈者が死亡した場合	③ 口座残高がゼロになるなど、金融機関との契約が終了した場合

本特例の適用を受けて信託等がされた金銭等の合計金額（以下「非課税拠出額」といいます。）から契約期間中に教育資金として払い出した金額の合計金額（学校等以外の者に支払われた金銭のうち500万円を超える部分を除きます。以下「教育資金支出額」といいます。）を控除した残額については、上記①か③の日に贈与があった

ものとして贈与税が課税されます。

　暦年課税で申告する場合は令和５年４月１日以後に取得した信託受益権等に対応する部分は、一般税率（67ページ参照）が適用されます。

　受贈者が死亡した場合（上記②の場合）には、非課税拠出額から教育資金支出額を控除した残額があっても、贈与税は課されません。

　また、契約期間中に贈与者が死亡した場合には、原則として※、その死亡日における非課税拠出額から教育資金支出額を控除した残額のうち、一定の計算をした金額（以下「管理残額」といいます。）を、その贈与者から相続等により取得したものとみなされ、相続税の課税価格に加算されます。

　なお、受贈者が贈与者の子以外（孫など）の一定の者である場合には、管理残額のうち、令和３年４月１日以後に贈与により取得した信託受益権等に対応する部分の相続税額について、相続税額の２割加算の適用があります。

※　受贈者が23歳未満である場合など一定の場合を除きます。
　ただし、令和５年４月１日以後に贈与者から信託受益権等の取得をし、本特例の適用を受けた場合で、同日以後にその贈与者が死亡したときにおいて、その贈与者に係る相続税の課税価格の合計額が５億円を超えるとき（管理残額を加算する前の相続税の課税価格の合計額で判定。）は、非課税拠出額から教育資金支出額を控除した残額を、相続等により取得したものとみなされます。

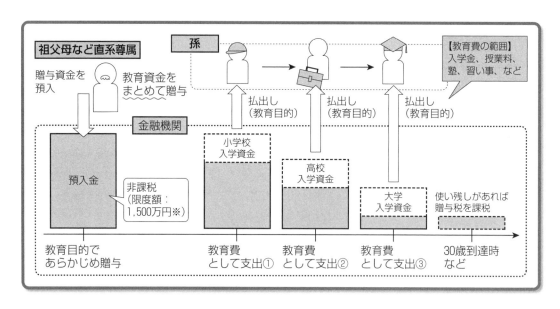

※　学校等以外の者に支払われるものについては、500万円が限度となります。（財務省資料を加工）

Q32 結婚・子育て資金の贈与は贈与税がかからないの？

Q 私は、孫の結婚のためにまとまった資金を贈与したいと思っています。また、結婚すると子供が生まれるので、その子の教育資金にも充てたいと思っています。結婚・子育て資金の贈与は非課税と聞きましたが、どのような制度でしょうか？

A 平成27年4月1日から令和7年3月31日までの間に、結婚・子育て資金に充てるため、金融機関を通じて、一定の要件を満たした直系尊属からの贈与については、「結婚・子育て資金の非課税制度」として1,000万円まで非課税となります。

結婚・子育て資金の一括贈与に係る贈与税の非課税措置

受贈者※（18歳以上50歳未満の者に限ります。）の結婚・子育て資金に充てるためにその直系尊属が金銭等を拠出し、金融機関（信託会社（信託銀行を含みます。）、銀行及び金融商品取引業者（第一種金融商品取引業を行う者に限ります。）をいいます。）に信託等をした場合には、信託受益権の価額又は拠出された金銭等の額のうち受贈者1人につき1,000万円（結婚に際して支払われる金銭については、300万円を限度とします。）までの金額に相当する部分の価額については、平成27年4月1日から令和7年3月31日までの間に拠出されるものに限り、贈与税が課されません。

※ 前年分の受贈者の所得税の合計所得金額が1,000万円を超える場合には、この制度を利用することができません。

結婚・子育て資金とは…？

(1) 結婚に際して支払う次のような金銭（300万円限度）をいいます。

● 挙式費用、衣装代等の婚礼（結婚披露）費用（婚姻の日の1年前の日以後に支払われるもの）

● 家賃、敷金等の新居費用、転居費用（一定の期間内に支払われるもの）

(2) 妊娠、出産及び育児に要する次のような金銭をいいます。

● 不妊治療・妊婦健診に要する費用

● 分べん費等・産後ケアに要する費用

● 子の医療費、幼稚園・保育所等の保育料（ベビーシッター代を含みます。）など

適用を受けるための手続

　受贈者は、本特例の適用を受けようとする旨等を記載した結婚・子育て資金非課税申告書を金融機関を経由して、受贈者の納税地の所轄税務署長に提出することになります。

　受贈者は、払い出した金銭を結婚・子育て資金の支払いに充当したことを証する書類を金融機関に提出しなければならず、金融機関は、提出された書類により払い出された金銭が結婚・子育て資金に充当されたことを確認し、その確認した金額を記録します。

終了時の処理

　結婚・子育て資金管理契約は、次のうちいずれか早い日に終了されます。

① 受贈者が50歳に達した場合	② 受贈者が死亡した場合	③ 口座の残高がゼロになるなど、金融機関との契約が終了した場合

　本特例の適用を受けて信託等がされた金銭等の合計金額（以下「非課税拠出額」といいます。）から契約期間中に結婚・子育て資金として払い出した金額の合計金額（結婚に際して支払われた金銭のうち300万円を超える部分を除きます。以下「結婚・子育て資金支出額」といいます。）を控除した残額（以下「管理残額」といいます。）については、上記①か③の日に贈与があったものとして贈与税が課税されます。

　暦年課税で申告する場合、令和5年4月1日以後に取得した信託受益権等に対応する部分は、一般税率（67ページ参照）が適用されます。

　受贈者が死亡した場合（上記②の場合）には、非課税拠出額から結婚・子育て資金支出額を控除した残額があっても、贈与税は課税されません。

　契約期間中に贈与者が死亡した場合には、管理残額を贈与者から相続等により取得したものとみなされ、相続税の課税価格に加算されます。したがって、その贈与者の死亡に係る相続税の課税価格の計算に当たっては、その管理残額を含めて課税価格の計算をする必要があります。

　なお、受贈者が贈与者の子以外（孫など）の一定の者である場合には、管理残額のうち令和3年4月1日以後に取得した信託受益権又は金銭等に対応する部分は、相続税額の2割加算の適用があります。

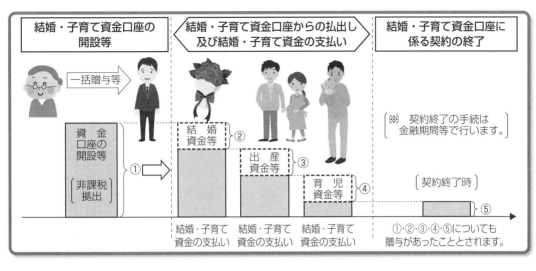

（出典：国税庁パンフレット「父母などから結婚・子育て資金の一括贈与を受けた場合の贈与税の非課税制度のあらまし」を加工）

Q33　夫婦で財産を分散した方がいいの？

> **Q**　夫婦で財産を分散した方がいいと聞きますが本当ですか？具体的にはどのような分散方法がありますか？

A　相続税は超過累進税率（財産が多いほど税率が高くなる）構造となっていますので、子に財産を移転する場合は、夫婦で分散をしておいた方が相続税率が低くなり、相続税の計算上有利となります。また、夫婦間の居住用不動産の贈与については、「贈与税の配偶者控除」の適用があり、一定額まで非課税で移すことが可能です。

贈与税の配偶者控除

　贈与税の配偶者控除とは、配偶者の老後の生活保障等を考慮して設けられた制度です。配偶者に対して、一生に一度だけ、居住用不動産やその購入資金を贈与しても、2,000万円までは非課税となります。

（贈与税計算式）

$$（贈与財産価額－2,000万円－110万円）×税率＝贈与税額$$

◆適用要件◆

贈与者	入籍してから20年以上経っている配偶者であること
贈与財産	居住用不動産又は居住用不動産を取得するための金銭
居住要件	贈与を受けた翌年の3月15日までに居住の用に供し、その後も住み続けること
手続	贈与の年の翌年2月1日から3月15日までに一定の事項を記載した申告書を住所地を所轄する税務署長に提出すること。
適用除外	同一の配偶者からの贈与につき、すでにこの規定の適用を受けている場合には適用できません。

店舗兼住宅（賃貸アパート兼住宅）の取扱い

□原則的取扱い

　居住の用に供している家屋のうち、居住の用以外の用に供されている部分のある家屋及び当該家屋の敷地の用に供されている土地等（以下「店舗兼住宅等」といいま

す。）に係る居住の用に供している部分は、次により判定します。

　なお居住の用に供している部分が全体の9／10以上である場合には全部が贈与税の配偶者控除の対象となる居住用不動産に該当するものとして差し支えありません。

(1)　当該家屋のうちその居住の用に供している部分は、次の算式により計算した面積に相当する部分となります。

$$
\boxed{\begin{array}{c}\text{当該家屋のうちその居住の}\\\text{用に専ら供している部分の}\\\text{床面積（A）}\end{array}} + \boxed{\begin{array}{c}\text{当該家屋のうちその居住の用}\\\text{と居住の用以外の用とに併用}\\\text{されている部分の床面積（B）}\end{array}} \times \cfrac{A}{\text{当該家屋}\atop\text{の床面積}-B}
$$

(2)　当該土地等のうちその居住の用に供している部分は、次の算式により計算した面積に相当する部分となります。

$$
\boxed{\begin{array}{c}\text{当該土地等のうちその}\\\text{居住の用に専ら供して}\\\text{いる部分の面積}\end{array}} + \boxed{\begin{array}{c}\text{当該土地等のうちその居住の}\\\text{用と居住の用以外の用とに併}\\\text{用されている部分の面積}\end{array}} \times \cfrac{\text{当該家屋の面積のうち(1)の}\atop\text{算式により計算した面積}}{\text{当該家屋の床面積}}
$$

□特例的取扱い

　ただし、その贈与を受けた持分の割合が原則的取扱いにより求めた当該店舗兼住宅等の居住の用に供している部分の割合以下である場合において、その贈与を受けた持分の割合に対応する当該店舗兼住宅等の部分を居住用不動産に該当するものとして申告があったときは、これを認めるものとされています。また、贈与を受けた持分の割合が店舗兼住宅等の居住の用に供している部分の割合を超える場合における居住の用に供している部分についても同様となります。

□具体例

(1)　店舗兼住宅の居住用割合＞配偶者への持分贈与割合

　　店舗兼住宅の居住用割合：50％

　　配偶者への持分贈与割合：30％

　　30％（持分贈与割合）全てが居住用不動産に該当するものとして贈与税の配偶者控除の適用を受けることができます。

(2)　店舗兼住宅の居住用割合＜配偶者への持分贈与割合

　　店舗兼住宅の居住用割合：50％

　　配偶者への持分贈与割合：60％

　　店舗兼住宅の居住用割合である50％が贈与税の配偶者控除の適用の対象となります。

Q34　配偶者間の生前贈与ってどのように活用するの？

Q 配偶者間の生前の贈与が相続税にどのように影響するのか、具体的に教えてください。

A 実際に生前贈与の有無による比較をします。居住用不動産の相続について、有効な対策及び承継の順序はあるか、次の図解で確認しましょう。

＜ケース1＞

┌─ ステップ1 ──────────┐
│ **生前贈与の対策なし**
│
│
│
│
│
│
└──────────────────┘

↓

┌─ ステップ2 ──────────┐
│ **夫の相続時の財産**
│
│ ● 夫の財産
│ 居住用不動産5,000万円　預金1,000万円
│ ● 妻の財産は0円
│ ● 第一次相続（夫の相続）
│ 夫相続時の基礎控除4,200万円
│ ● 第二次相続（妻の相続）
│ 妻相続時の基礎控除3,600万円
└──────────────────┘

↗

┌─ ステップ3 ──────────┐
│ **第一次相続（夫の相続）**
│ 居住用不動産5,000万円　預金1,000万円
│ を妻が夫から相続
│ ※配偶者税額軽減により相続税は0円
│ 　　　　　　（相続税申告は必要）
│
│ 　相続　
│ 夫 ══════ 妻
│ 　　　│
│ 　　　│
│ 子（親と別居、持ち家あり）
└──────────────────┘

↓

┌─ ステップ4 ──────────┐
│ **第二次相続（妻の相続）**
│ 居住用不動産5,000万円　預金1,000万円
│ を子が妻から相続 **相続税は310万円**
│
│ 夫 ══════ 妻
│ 　　　│
│ 　　　│ 相続
│ 　　　↓
│ 子（親と別居、持ち家あり）
└──────────────────┘

※ 配偶者の税額軽減：配偶者が法定相続分または1.6億円まで取得する財産については相続税がかからない制度

＜ケース２＞

─ ステップ１ ─

生前贈与を利用

夫は妻に居住用不動産5,000万円のうちの2,000万円（※１）を贈与

（※１）
贈与税の配偶者控除を利用
→2,000万円までの居住用不動産の贈与は無税で移転（贈与税申告は必要）
（持分４/10を贈与）

─ ステップ２ ─

夫の相続時の財産

● 夫の財産
居住用不動産3,000万円（※２）預金1,000万円
● 妻の財産
居住用不動産2,000万円（贈与財産）
● 第一次相続（夫の相続）
夫相続時の基礎控除4,200万円
● 第二次相続（妻の相続）
妻相続時の基礎控除3,600万円

（※２）
5,000万円−2,000万円（妻への贈与分）

─ ステップ３ ─

第一次相続（夫の相続）

居住用不動産3,000万円を子、預金1,000万円を妻が相続　**基礎控除以下のため相続税０円（相続税申告も不要）**

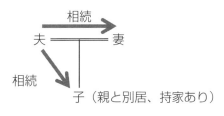

─ ステップ４ ─

第二次相続（妻の相続）

居住用不動産2,000万円　預金1,000万円を子が妻から相続　**基礎控除以下のため相続税０円（相続税申告も不要）**

※　居住用不動産の売却を前提とした場合、＜ケース１＞により妻が生前に売却した方が譲渡税が軽減される可能性があります。

Q35　相続税を少なくするには、どう生前贈与すればいいの？

> **Q**　どのように生前贈与すれば、相続税を少なくできますか？

A　次世代へ財産を移転する際に、生前贈与をしても、相続税の加算対象となるものであれば、相続税は変わりません。相続税の加算対象とならない贈与であれば、相続税の負担が少なくなります。

◆相続税の加算対象とならない贈与であること

　贈与をする場合に、相続税の加算対象とならない点を考慮すると、税負担が低くなります。贈与税の2つの制度である「暦年課税制度」と「相続時精算課税制度」とでは、それぞれ相続税の加算対象となる贈与が異なりますので、どちらを選択した方が相続時に加算される贈与額が少なくなるかを検討する必要があります。

相続税に加算される生前贈与の期間

　暦年課税制度と相続時精算課税制度における、令和6年1月1日以降の贈与についての加算期間と対象金額は、以下のとおりです。

　なお、令和5年12月31日までの贈与については、取扱いが異なりますので、Q27、Q28を参照してください。

□**暦年課税制度**

　相続開始前7年以内の贈与金額の全額

　（ただし、相続開始前4年から7年以内の贈与については、その総額から100万円を控除）

□**相続時精算課税制度**

　相続時精算課税の贈与について、基礎控除を超える贈与金額

具体的計算例

◆ケース1　1,500万円を、毎年150万円ずつ、相続まで10年間続けて贈与する場合

① 暦年課税制度

10年前	9年前	8年前	7～4年前		3年前	2年前	1年前	相続
150万円	150万円	150万円	100万 150万円×4年－100万円		150万円	150万円	150万円	

暦年課税制度の場合には、図の色枠部分である、

150万円×3年＋（150万円×4年－100万円）＝950万円

が加算対象となります。

② 相続時精算課税制度

10年前	9年前	8年前	7年前	6年前	5年前	4年前	3年前	2年前	1年前	相続
110万円	110万円	110万円	110万円	110万円	110万円	110万円	110万円	110万円	110万円	
40万円	40万円	40万円	40万円	40万円	40万円	40万円	40万円	40万円	40万円	

相続時精算課税制度の場合には、図の色枠部分である、

40万円×10年＝400万円

が加算対象となります。

③ 結論

　ケース1では、暦年課税制度の方が加算対象金額が多くなるので、相続時精算課税制度を利用して贈与すべきケースであると考えられます。本ケースのように相続発生までの期間が比較的短く、かつ、比較的少額な贈与であれば、相続時精算課税制度を利用した方が良いということになります。

◆ケース2　1億円を、毎年500万円ずつ、相続まで20年間続けて贈与する場合

① 暦年課税制度

20～8年前	7～4年前		3年前	2年前	1年前	相続
500万円× 13年	100万円 500万円×4年－100万円		500万円	500万円	500万円	

暦年課税制度の場合には、図の色枠部分である、

500万円×3年＋（500万円×4年－100万円）＝3,400万円

が加算対象となります。

② 相続時精算課税制度

20〜8年前	7年前	6年前	5年前	4年前	3年前	2年前	1年前	相続
110万円×13年	110万円	110万円	110万円	110万円	110万円	110万円	110万円	
390万円×13年	390万円	390万円	390万円	390万円	390万円	390万円	390万円	

相続時精算課税制度の場合には、図の色枠部分である、

390万円×20年＝7,800万円

が加算対象となる贈与です。

③ 結論

　ケース2では、相続時精算課税制度の方が加算対象金額が多くなるので、暦年課税制度を利用して贈与すべきケースであると考えられます。相続発生までの期間が比較的長く、かつ、比較的高額な贈与であれば、暦年課税制度を利用した方が加算対象となる贈与を減らすことができます。

　また、贈与者が高齢となった時点で、相続人への贈与について、相続時精算課税制度を選択する方法も考えられます。

Q36　贈与税を払ってもトータルの税負担が少なくなるって本当？

Q　贈与税を払ってでも贈与をしたほうが、税負担が少なくなるケースがあると聞きましたが本当ですか？

A　相続税の適用税率よりも贈与税の適用税率が低い範囲内で贈与すると、贈与税と相続税を合わせた税負担が低くなります。

◆相続税の適用税率よりも低い贈与税の適用税率の贈与であること

　相続税の税負担を低くするためには、相続財産に加算されない贈与を行うことが有効です（Q35参照）。しかし、その結果、相続税は低くなったものの、それ以上に贈与税を納めるようであれば、贈与税と相続税を合わせた税負担は逆に高くなります。

　その意味において、贈与税が発生しない基礎控除110万円以下の贈与を行うことが一つの方法です。このやり方であれば、贈与税を納めずに相続税を減らすことが可能です。

　では、多額の財産がある場合はどうでしょうか？　毎年110万円以下の贈与を行えば、確実に相続税を減らすことはできますが、効果が高いとはいえません。そこで、生前贈与についてケース別に確認したいと思います。

相続人が子供１人で、遺産が10億円、相続の発生が20年後の場合

① 　生前贈与をしない場合

② 　相続時精算課税制度を利用し、毎年110万円の贈与を行う場合

③ 　暦年課税制度を利用し、毎年1,000万円の贈与を行う場合

の３つのケースの相続税と贈与税を合わせた税負担を確認します。

---

①　生前贈与をしない場合

【贈与税】

　生前贈与をしないので、贈与税は０円

【相続税】

・遺産額

10億円

・相続税の対象となる贈与金額

　生前贈与をしないので0円

・相続税の計算

　遺産10億円－基礎控除3,600万円※＝9億6,400万円

　※　相続人が1人のため相続税の基礎控除は3,000万円＋600万円×1人＝3,600万円

　上記金額について、「相続税速算表」（94ページ参照）を使って相続税を算出。

　9億6,400万円×55％－7,200万円＝4億5,820万円

　が納付する相続税額となります。相続税の税率は最高税率の55％です。

【トータルの税負担額】

　相続税4億5,820万円＋贈与税0円＝4億5,820万円

② 相続時精算課税制度を利用し、毎年110万円の贈与を行う場合

【贈与税】

　毎年基礎控除110万円以内の贈与のため、贈与税は0円

【相続税】

・遺産額

　生前贈与前の遺産10億円－生前贈与額110万円×20年＝9億7,800万円（遺産額）

・相続税の対象となる贈与金額

　毎年基礎控除110万円以内の贈与のため0円

・相続税の計算

　遺産9億7,800万円－基礎控除3,600万円＝9億4,200万円

　上記金額について、「相続税速算表」（94ページ参照）を使って相続税を算出。

　9億4,200万円×55％－7,200万円＝4億4,610万円

　が納付する相続税額となります。

【トータルの税負担額】

　相続税4億4,610万円＋贈与税0円＝4億4,610万円

　生前贈与なしの場合の税負担額が4億5,820万円でしたので、4億5,820万円－4億4,610万円＝1,210万円税負担が低くなります。

③ 暦年課税制度を利用し、毎年1,000万円の贈与を行う場合

【贈与税（特例贈与）】

毎年の贈与税額

贈与金額1,000万円－基礎控除110万円＝890万円（課税価格）

課税価格890万円×30％－90万円＝177万円（贈与税額）

20年分の贈与税

177万円×20年＝3,540万円

【相続税】

・遺産額

生前贈与前の遺産10億円－生前贈与額1,000万円×20年＝8億円（遺産額）

・相続税の対象となる贈与金額

20〜8年前	7〜4年前		3年前	2年前	1年前
1,000万円×13年	100万円		1,000万円	1,000万円	1,000万円
	1,000万円×4年－100万円				

図の色枠部分が相続税の対象となる贈与部分ですので、

1,000万円×3年＋（1,000万円×4年－100万円）＝6,900万円

・相続税の計算

遺産8億円＋加算金額6,900万円－基礎控除3,600万円＝8億3,300万円

上記金額について、「相続税速算表」（94ページ参照）を使って相続税を算出。

8億3,300万円×55％－7,200万円＝3億8,615万円

加算金額6,900万円について納付している贈与税　年額177万円×7年＝1,239万円を上記の相続税3億8,615円から控除した残額が納付する相続税です。

3億8,615万円－1,239万円＝3億7,376万円（相続税）

【トータルの税負担額】

相続税3億7,376万円＋贈与税3,540円＝4億916万円

生前贈与なしの場合の税負担額が4億5,820万円でしたので、4億5,820万円－4億916万円＝4,904万円税負担が低くなります。

相続時精算課税制度を利用し毎年110万円ずつ贈与を行う場合と比べても、

4億4,610万円－4億916万円＝3,694万円の税負担が低くなります。

このケースでは、毎年贈与税の負担は発生しているものの、贈与税の税率が相続税の税率よりも低いためにトータルの税負担が少なくなります。このように、遺産が多額な場合には贈与税を納めてでも、生前贈与することに効果があります。その際にいくらの金額を贈与すればよいのかですが、相続税の税率よりも低い贈与税率での贈与であれば、効果があります。

まずは、遺産の現状を把握し、贈与を行った場合のシミュレーションを行ってみてください。

【Q35とQ36のまとめ】
・相続までの期間が短い、遺産が少額である場合には相続時精算課税制度を、
・相続までの期間が長い、遺産が高額である場合には暦年課税制度を選択し、

相続税率より低い贈与税率で贈与を行うことにより、税負担の効果が発生します。ただし、相続または遺贈により財産を取得しない人については、暦年課税制度により贈与を受けた部分については、期間にかかわらず相続税の対象になりません。つまり、まずは、相続人以外に対する贈与については暦年課税制度を検討し、相続人に対する贈与については、期間と金額を考慮した上で暦年課税制度と相続時精算課税制度の有利不利判定を行う必要があります。いずれにしても、長期間の対策が有効です。

◆相続税額速算表◆

法定相続分に応ずる取得金額	税率	控除額
1,000万円以下	10%	―
3,000万円以下	15%	50万円
5,000万円以下	20%	200万円
1億円以下	30%	700万円
2億円以下	40%	1,700万円
3億円以下	45%	2,700万円
6億円以下	50%	4,200万円
6億円超	55%	7,200万円

•コラム 10•

生前対策のすすめ

　人が亡くなられて、残されたご家族が相談に来られても、税理士としてできること
は限られています。小規模宅地の特例の対象をどの不動産にするか、相続財産の評価
でのマイナス要因を見つけ、それを説明する資料を整えておくぐらいしかできません。

　しかし、生前であればいろいろと対策を考え、実行できます。

　まず、次世代の誰に何を残していくのか、御自身がどのように暮らしていくのかを
じっくりと考えましょう。しかし、一人で考えようとするとなかなかまとまらないも
のです。信頼できる税理士がいれば、対話の中で整理できるでしょう。税理士には法
律により守秘義務が課せられていますから安心です。

　財産の承継について大きな青写真ができれば、とるべき生前対策は 3 つです。

　まず、生前の贈与です。時間をかけて少額の贈与を続けるほかに、配偶者への居住
用財産贈与の特例、住宅資金贈与や教育資金贈与の非課税規定など、いろいろな軽減
措置があります。

　次は、資産構成の組替えです。遊休不動産を賃貸用不動産に組み替える、所有会社
の株価評価の軽減策を講じる、生命保険を見直す、などさまざまな対策をとることが
できます。

　そして最後に納税資金の確保です。現預金より不動産が有利だとして、不動産ばか
り保有し現預金がないと納税資金に困ります。

　また、このような検討は、少なくとも 3 年ごとに見直すことをおすすめします。そ
のためにも早めに信頼できる税理士を見つけるようにしてください。

Q37 暦年課税制度と相続時精算課税制度はどう活用したらいいの？

Q 暦年課税制度と相続時精算課税制度の有効な活用方法を教えてください。

A 次のケースが考えられます。

遺産総額が相続税の基礎控除に満たない場合

　贈与前の財産額が相続税の基礎控除以下の場合には、贈与税の課税方法の選択による加算期間が異なったとしても、相続税は発生しません。この場合には、両制度のうち贈与税が低くなる制度を選択すればいいので、子供が短期間で多額の資金を必要とするなどの資金需要があれば、特別控除2,500万円を活用できる相続時精算課税制度を利用するのがよいでしょう。

基礎控除110万円の有効活用

□多くの受贈者に贈与する

　贈与税の基礎控除は、受贈者毎に年間110万円の枠が設けられています。資産家の両親が多くの財産を贈与税の負担なく生前贈与するには、多くの受贈者に贈与することが有効です。

□受贈者が子供一人の場合

　相続人が子供一人の場合、多くの受贈者に配ることは難しくなります。資産家の両親が義理の娘婿や孫に贈与することはもちろん可能ですが、自分達の子供だけに贈与したい場合は、どうすればよいでしょうか？　1年間の基礎控除は、暦年課税制度と相続時精算課税制度でそれぞれ別々に設けられています。

　例えば父母から子供がそれぞれ110万円ずつ贈与を受けたとします。

　その際に、

・父、母からの贈与ともに暦年課税を選択した場合

・父、母からの贈与ともに相続時精算課税を選択した場合

　いずれも年間110万円が基礎控除となり、220万円－基礎控除110万円＝110万円に贈与税が課税されます（相続時精算課税については、別途2,500万円の特別控除がある

ので、実際には贈与税は課税されません）。

　しかし、
・父からは相続時精算課税を選択して110万円の贈与
・母からは暦年課税制度を選択して110万円の贈与
の場合だと、共に基礎控除の範囲内で贈与することができます。

生前贈与の留意点

□財産の価格が変動した場合

　相続財産に加算される贈与財産は、原則として、贈与時の価額で加算されます（Q27、Q28参照）。

　つまり、生前贈与した財産が贈与時よりも相続時において値下がりしてしまったとしても、贈与時の価額（値下がり前の金額）で評価します。この点は生前贈与のデメリットといえます。

【例】値下がりした場合

　それでは、財産が贈与時よりも相続時において値上がりしている場合はどうでしょうか？　この場合は、生前贈与により相続税の節税が成功した事例といえます。

【例】値上がりした場合

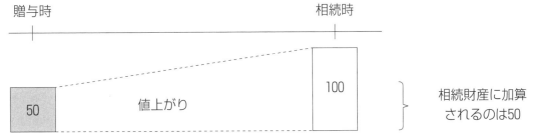

将来値上がりしそうな財産がある場合、生前贈与を検討する価値があるといえます。

□相続時精算課税制度を適用した土地、建物が被災した場合

　相続時精算課税制度により贈与を受けた一定の土地や建物については、災害によって被害を受けた場合に、その被害額を加算する金額から控除することができる措置が、令和5年度税制改正により創設されました。この場合、災害発生日から3年を経過す

る日までに相続時精算課税適用者が贈与税の納税地の所轄税務署長に一定の書類を提出する必要があります。この取り扱いは、財産の贈与時期に係わらず令和6年1月1日以後に生じた災害により被害を受けた場合に適用されます。

□**小規模宅地等の特例が利用できない**

　相続財産に加算される生前に贈与された財産については、小規模宅地等の特例（Q56、Q67参照)が利用できません。この点は、生前贈与のデメリットといえます。

Q38　相続した土地や株式等を譲渡したらどうなるの？

> $\boxed{\text{Q}}$　私は亡父から相続した財産を譲渡することにしました。相続税の申告に当たって、既に相続税は納めています。この相続財産を譲渡する場合、どのような点に気を付ければいいでしょうか？

$\boxed{\text{A}}$　相続により取得した財産を譲渡した場合には、被相続人の取得費及び取得時期を引継ぎ、譲渡所得に対して所得税と住民税がかかります。その際、相続した財産を相続税の申告期限の翌日以後3年以内に譲渡すると、一定の方法により計算したその譲渡した財産に係る相続税額を、その譲渡資産に係る取得費に加算することができます。

譲渡所得の計算

譲渡所得は以下のように計算します（土地・株式の場合）。

$$\boxed{譲渡所得} = \boxed{譲渡収入金額} - \boxed{（取得費＋譲渡費用）}$$

相続により取得した資産については、被相続人の取得費・取得時期を引き継ぎますので、被相続人が実際に取得に要した金額が譲渡した資産の取得費となります。その金額が不明な場合や譲渡収入金額の5％に満たない場合には、譲渡収入金額の5％を取得費（概算取得費）とすることができます。

相続税の取得費加算の特例

相続した財産を相続税の申告期限の翌日以後3年以内に譲渡した場合には、納付した相続税のうち、その譲渡した財産に係る金額を取得費に加算する特例があります。

$$\boxed{取得費に加算する相続税額} = \boxed{その者の相続税額} \times \frac{その者の譲渡をした財産の相続税評価額}{その者の相続税の課税価格（債務控除前、生前贈与加算後）}$$

具体例～相続した土地を譲渡した場合の譲渡所得税の計算～

　　被相続人から土地Ａ及びＢを取得した長男が、相続税の申告期限から３年以内に土地Ａを25,000万円で売却した場合、所得税・住民税の計算は以下のようになります（土地Ａの取得費は不明なので、概算取得費として売却金額の５％とし、譲渡経費はないものとします。）。

　　なお、長男の相続税計算は下記のとおりです。

項目	長男
土地※１	50,000万円
課税価格	50,000万円
基礎控除額	▲3,600万円
相続税額※２	19,000万円

（※１）　土地Ａ：20,000万円　土地Ｂ：30,000万円

（概算取得費）
25,000万円－（25,000万円×５％＋7,600万円※）×20.315％＝3,281万円　◁ 所得税 住民税

※　取得費に加算される相続税額19,000万円×20,000万円÷50,000万円＝7,600万円

被相続人の居住用財産である空き家を譲渡した場合の特例

　　令和９年12月31日までの間に、相続した被相続人の居住用財産である空き家を譲渡した場合に、一定の要件に該当すると、譲渡所得の金額から最高3,000万円を控除することができます。ただしこの場合には、相続税の取得費加算の特例を適用することはできませんので、どちらの特例を利用するのが有利かを判断する必要があります。

【ポイント‼　相次相続控除との関係】

　　相続税の取得費加算の特例は、相続税の申告手続が条件となっており、相次相続控除Ｑ21（56ページ参照）を適用して相続税額が０円となっても、相続税の申告をする必要があります。

　　また、取得費に加算できる相続税額は、相次相続控除適用前の税額なので、譲渡所得の金額の計算上、控除できる金額が多くなります。

Q39 税務署は税務調査でどんなことを調べるの？

Q 相続税の税務調査は必ず行われるのでしょうか？　また、税務調査のポイントを教えてください。

A 相続税の税務調査は、一般的に申告後、１年から３年後くらいに行われますが、相続税の申告をした人すべてに税務調査が行われるわけではありません。

相続税の実地調査が行われた中では、申告漏れを指摘される件数は非常に多く、令和３事務年度の国税庁の発表では、相続税の実地調査の約９割が何かしらの申告漏れが指摘されています。申告漏れの相続財産の内訳は、現金・預貯金等が最も多く、続いて有価証券、土地の順となっています。

相続税の実地調査が行われる場合の注意すべきポイントは、下記のとおりとなります。

現預金

被相続人だけでなく、同居・非同居を問わず相続人の名義預貯金等について、実質的に被相続人の財産と認められるか否かの事実関係を調査します。

例えば、預貯金の過去数年間の資金の流れをチェックするとともに、専業主婦である妻や親族名義の預貯金の残高が高額になる場合には、その資金の形成過程について合理的理由があるかなどが調査の対象となります。

有価証券等

有価証券等についても、預貯金同様に被相続人の名義のものだけでなく、相続人や親族の名義についても、実質的に被相続人の財産と認められるか否かについて調査の対象となります。

また、非上場の同族会社の株式については、名義株式の有無を重点に調査が行われますので、同族関係者のみならず、同族関係者以外の株主等についても株主等になった経過や株式等の取得代金の払込みの有無などが調査の対象となります。

土地等

不動産については、申告したもの以外に被相続人の不動産がないかを確認し、評価については、税法や通達に基づき適正に評価されているか否かについて検討されます。

臨宅調査等

相続税の調査は、被相続人宅を訪問して、被相続人の趣味・職歴・生活状況・家族構成・預貯金の出し入れ等を重点に、総合的な調査が行われます。その際に、貸金庫等がある場合には、その貸金庫の調査も行われます。税務調査は、他にも香典帳の記録など多岐にわたりますので、税務調査への対応は、前もって税理士と入念に打合せ及びご相談されることをおすすめします。

税務調査により財産の計上漏れがあった場合

税務調査が行われた結果、相続税の申告漏れが指摘された場合には、修正申告をするかまたは更正処分がされます。その際には、本税のほかに過少申告加算税と延滞税が課されます。また、仮装・隠ぺい等が悪質と認められる場合には、配偶者の税額軽減が適用できなくなり、さらに過少申告加算税に代えて重加算税が課されます。

Q40 親が認知症に、自分の将来も不安。何か対処法は？

Q 遠方に住む親が認知症を発症しました。自分の老後についても不安があります。このような場合、何か対策はありますか？

A 認知症や障害などにより判断能力が不十分な人を、法律的に支援・保護する制度として成年後見などがあります。

例えば、預貯金の取引、介護保険サービスの契約、遺産分割協議、不動産の売買などを行う場合、判断能力が不十分であれば、そのような取引もできません。また判断能力の低下した高齢者を狙った悪質商法の被害も後を絶ちません。このような場合の対処法として、成年後見制度は有効です。

すでに認知症を発症し判断能力が全くない場合、あるいはそれが不十分な場合には法定後見制度、一方、今は判断能力に何の心配もないが将来に備えたい場合には任意後見制度があります。

法定後見制度は、その名のとおり法律の定めによる後見制度で、家庭裁判所が支援者（成年後見人等）を選任し権限を与えます。

これに対し、任意後見制度は契約による後見制度で、契約によって支援者（任意後見人）を選任し、権限の範囲も契約により決めるものです。

任意後見と法定後見とは相互に補完しあう制度ですが、本人の自己意思を尊重するという考え方から、原則として任意後見が優先するようになっています。

これら2つの成年後見制度は、各人の個別の状況に応じた柔軟で弾力的な制度であり、不十分な判断能力を補い、不測の損害を防止し、本人の権利を保護する制度として活用されています。

Q 家庭裁判所が支援者を任命する法定後見制度について簡単に教えてください。

A 法定後見制度には、本人の判断能力の程度に応じて「後見」「保佐」「補助」の3類型があり、支援の内容にも違いがあります。

判断能力がない場合には「後見」、判断能力が著しく不十分な場合には「保佐」、

判断能力が不十分な場合には「補助」に相当します。なお、判断能力については、原則として、医師による鑑定に基づき判断されます。

支援者は、それぞれ「後見人」「保佐人」「補助人」といいます。

後見人には、広範な代理権及び取消権が与えられ、本人に代わり契約を結んだり、悪質商法の被害にあった場合には契約を取り消し被害を回復することができます。

保佐人には、法律の定める重要な行為について、同意権と取消権が与えられます。さらに申立てにより、特定の法律行為について、個別の審判によって代理権を与えられることもあります。

補助人は、申立てにより選択した法律の定める特定の法律行為について、個別の審判によって同意権・取消権又は代理権が与えられます。

後見人、保佐人、補助人は常に本人の利益を考え行動することになっています。

ただし、本人の自己意思を尊重するという考えから、日用品の購入、日常生活に関する行為については、取消権の対象から除外されています。

> **Q** 家庭裁判所での法定後見の手続はどのような流れですか？　また期間はどれくらいかかりますか？

A　法定後見制度は、家庭裁判所における審理・審判という手続を中心に行われます。裁判所というと敷居の高い面倒な手続と思われがちですが、本人の支援・保護を第一義の目的とすることから、家庭裁判所、各自治体、あるいは税理士等の専門家団体などで相談窓口が設けられ、親身にアドバイス・指導を受けられる体制が整っています。

法定後見の手続は通常、①申立準備、②申立て、③審理、④審判という流れになり、申立てをしてから1 〜 2か月程度で審判が出されます。

後見開始の申立てをできるのは、本人、配偶者、四親等内の親族、検察官や市区町村長など、法律で定められています。

まず、申立書類、添付書類等の必要書類を揃え、申立て準備を行います。本人の診断書や財産目録など、取り寄せや作成が困難な書類もありますが、これらの書類の提出がなければ申立てが不適法になるというものではありません。不足資料の追完、取り直しという場合もありますが、家庭裁判所は親切に対応してくれます。

申し立ては、本人の住所地を管轄する家庭裁判所に行います。家庭裁判所によっ

ては、申立日を予約するなどして手続の迅速化につとめているところもあるので、事前に確認してください。

　申立てを受けた家庭裁判所は、申立ての事情、本人の状況、親族の意向などについて、調査・審問あるいは鑑定を行います。

　本人に後見等の必要があると判断した場合、家庭裁判所は後見等開始の審判を、また同時に支援者を誰にするか成年後見人等の選任の審判を行います。

　ちなみに、成年後見人等に誰を選任するかは、家庭裁判所の裁量に任されているため、これについての不服を申し立てることはできません。

Q 契約によって支援者を選任するという任意後見制度とはどのようなものですか?

A　法定後見制度は、本人が既に判断能力が十分でなくなった場合に利用される制度であるのに対し、任意後見制度は、本人が契約締結に必要な判断能力を有する間に、将来、判断能力が不十分になったとき、どのようなことをして欲しいか（後見事務）、またこれを行う人（任意後見人、契約締結時点では任意後見受任者といいます。）を自ら定めて事前に契約する制度です。

　任意後見人の選任とその権限すべてを、任意の契約により定めることから任意後見といいます。

　任意後見契約は、公証役場で公証人が作成する公正証書によって締結することになります。契約の締結なので、これを行える程度の判断能力があれば十分で、公証人がチェック、助言もしてくれます。

　そして、本人の判断能力が不十分（すなわち「補助」程度）になったとき、本人、配偶者、四親等内の親族、又は任意後見受任者が、家庭裁判所に対し、任意後見監督人選任の申立てを行うことになります。

　家庭裁判所は、医師等による本人の精神状況の診断を経て、任意後見監督人選任の審判を行います。選任された任意後見受任者は、任意後見人として職務を開始することになります。

　法定後見は、家庭裁判所が成年後見人等を直接監督するのに対し、任意後見では、任意後見監督人が任意後見人を直接監督し、家庭裁判所は任意後見監督人を通じ間接的に任意後見人を監督することになります。

Q 税理士を後見人等にお願いすることはできますか？

A 　税理士は、税務の専門家としてその使命を果たすことは当然のことで、あわせて税理士の職能を活かした社会貢献活動にも取り組んでいます。

　特に、成年後見制度については、①その積極的な活用のため全国15の税理士会に成年後見支援センターを開設し無料相談の実施、②税理士会員が成年後見人等として業務を遂行できるようその養成、資質保持のための研修、③家庭裁判所へ成年後見人等の候補者名簿の提出等を行っています。

　法定後見において、誰を後見人等に選任するかは家庭裁判所の裁量事項であるため、その候補者としてあげた人が選任されないケースもあります。とはいえ、税理士会から家庭裁判所へ提出された候補者名簿に掲載された税理士を候補者としてあげた場合には、選任されています。

　一方、任意後見においては日頃から付き合いのある税理士を任意後見受任者として任意後見契約を結ぶ例も増加しています。

　税務の専門家として将来を見据えた相続税対策等、これとあわせご自身の将来設計の手段として成年後見制度について総合的にアドバイスできる身近な相談相手として税理士をご活用ください。

　各税理士会では税務相談事業を行い、また成年後見制度支援センターを開設し無料で相談を受け付けていますので御気軽にご利用ください。

東京税理士会の詳細につきましては下記をご参照ください。

東京税理士会　成年後見支援センター

認知症になっても、障害があっても、自分らしく、安心して生活できる「成年後見制度」。お気軽に税理士にご相談ください（相談は無料です。）。

● 　月〜金（祝日等を除きます。）

● 　午前10時〜午後１時　　※　受付は午後０時半までとなります。

● 　場所…東京税理士協同組合会館内

● 　面接または電話による相談…ＴＥＬ０３−３３５６−４４２１

　　　　　　　　　　　　　　…ＦＡＸ０３−３３５６−４４２９

Q41　成年後見制度の活用事例は？

Q 母方の祖父が亡くなり、母が共同相続人として遺産分割協議を行うことになりました。母には判断能力の低下がみられ、このような場合どのような対応が必要でしょうか？

A 遺産分割は、重要な財産に関する行為であり、十分な判断能力が必要とされます。遺産分割協議が成立するためには相続人全員の合意が必要であり、これがないまま遺産分割協議が成立したとしても無効とされます。

まず、お母様の判断能力に疑問があるとのことなので、お母様が遺産分割協議を行えるかどうか、すなわち判断能力がどの程度なのかが問題となります。

医師に判断能力を診ていただき、それが十分でないとされれば成年後見制度を活用する必要があります。

お母様が「後見」程度であれば後見人が選任され、後見人は遺産分割協議において、基本的には法定相続分に相当する利益を確保するよう行動します。

あるいは、負債が多く相続放棄が必要な場合には、後見人は相続放棄の手続を行います。

いずれも本人の利益を確保することが後見人の職務だからです。

なお、お母様が「保佐」程度であっても、遺産分割協議には保佐人の同意が必要となります。

Q 独居の父が脳梗塞で倒れ判断能力が低下したため、父所有の土地に建つ自宅を取り壊し、父と長男である私が二世帯住宅を建築し同居しようと考えています。私には手元資金がないため、父からこの土地を担保として提供してもらい借入れを行いたいと思います。何か注意すべきことはありますか？

A 土地に担保権設定（保証）すること、住宅を建築（新築）することは重要な財産に関する行為であり、十分な判断能力が必要とされます。お父様の判断能力が低下したということなのでまず、お父様の判断能力がどの程度なのかが問題となりま

す。

　医師による判断能力の鑑定の結果、それが不十分であると判断されれば、成年後見制度を活用することになります。

　仮に、お父様が「補助」程度であれば補助人が選任されます。

　ところで、本人の居住用不動産を「処分」する場合、家庭裁判所の事前の許可が必要とされ、この許可がないまま処分した場合、これは無効とされます。当然、「保佐」「後見」の場合もこの許可は必要です。

　後見制度において「処分」とは、通常考えられているものより広く、売却はもちろん賃貸、賃貸借の解除、抵当権の設定、使用貸借、取り壊し等も含まれます。

　したがって、ご質問の場合も、旧家屋の取り壊し、土地に対する担保権の設定について、家庭裁判所の許可が必要になります。

Q 　障害のある子に対し毎年贈与を続けています。今後も続けて行きたいと考えている一方、将来自分の判断能力が低下したときのことを考えると不安です。何かよい方法はないでしょうか？

A 　ご質問のような場合、信託（民事信託）等を活用した対策も考えられます。

　贈与において問題になるのは本人の意思表示です。本人の判断能力が低下し、意思表示が困難になった場合には、注意が必要です。

　「保佐」程度の場合には、本人が贈与するときには保佐人の同意が必要となり、この同意がないまま贈与した場合には、本人及び保佐人は取り消すことができます。

　「後見」程度の場合には、本人が贈与するという意思表示が困難であること、本人の財産を減少させる行為であることから、原則として、子への贈与は認められません。

相続紛争編

入門者編

相続紛争編

自宅の相続編

事業承継編

付録

Q42　どんな場合に兄弟でもめるの？（相続人の法定相続分）

> **Q** 相続でよくもめる話を聞きますがなぜですか？

A　相続人には、民法に規定する相続分（法定相続分）というものがあります（Q4（10ページ）参照）。基本的に兄弟間の相続分は均等ですが、相続人が長男と二男の二人で、親の居住用不動産をどちらかが引き継ぐ場合には、居住用不動産の評価が高いため、全体の遺産を均等に分けることが難しくなります。そのため、民法に規定する相続分で分けようとすると、もめるケースが多くなります。

具体的事例を見てみましょう。

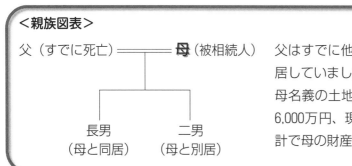

＜親族図表＞

父（すでに死亡）＝＝＝＝＝母（被相続人）

長男（母と同居）　　二男（母と別居）

父はすでに他界しており、長男と母は同居していました。
母名義の土地・建物（居住用不動産）は6,000万円、現預金は2,000万円あり、合計で母の財産は8,000万円です。

　民法に規定する相続分は長男と二男いずれも１／２ずつですが、母と同居していた長男が住んでいる居住用不動産を相続すると全体の３／４（6,000万円/8,000万円）を相続することになり、民法に規定する相続分どおりにはなりません。また、１／２ずつ分割しようとすれば、居住用不動産を売却してお金で分けるか、長男が居住用不動産を相続した上で、二男に金銭で長男自身のお金から2,000万円を渡す（代償分割といいますQ48（122ページ参照)。）こととなります。

　同居していた長男は居住用不動産の取得を望み、二男は平等な分割を望んだ場合、意見がわかれるので争いの原因となります。
　このように争いの生ずる可能性がある場合は、生前に遺言書を作成しておくことをおすすめします（Q50（128ページ）参照）。

相続争いの末、いまも法事が2回

　お寺のご住職からこんな話を聞きました。

　明治はおろか、江戸時代までさかのぼる旧家のことです。家を継いだ長男が、妻と子を遺して早くに亡くなりました。家業は二男が継ぎ、その後、隠居していた親が亡くなりました。

　長男は生前から自分の家系を家族に語っていたのでしょう。長男家族には、正当に家を継ぐのは自分たちだというプライドがあります。一方、二男は勤めていた会社を辞め家業を継ぎ、親の晩年の面倒をみてきたという思いがあります。

　当然のように、遺産分割の争いになります。10年近い裁判の末、財産の分け方は決まりました。問題はご位牌です。

　親と暮らしていた二男宅には立派な仏壇があり、ご位牌があります。裁判では、長男の子が祖先の祭祀を主宰すべきということになりました。つまり、法的には「系譜、祭具及び墳墓の所有権は、祖先の祭祀を主宰すべき者が承継する」ことになりますが、両家族が争っている間に、長男一家は自分の家に仏壇をかまえ、檀家寺にお願いしてご位牌も祀っています。

　裁判が終わって十数年も経つのに、命日の法事は檀家寺で、午前中は長男一家、午後に二男一家と顔を合わせないように行っている状態です。

　「どうにかならないんですかねぇ。」とご住職もぼやいています。

Q43 亡くなった人の兄弟が相続人だと手続が大変なの？

> **Q** 被相続人には、子がなく、両親も他界しており、兄弟が複数います。兄弟には既に他界した者もいるため、代襲相続人が複数います。被相続人の遺産を取得する手続はどのようになりますか？

A 相続税の申告に際し、相続人の遺産分割協議が必要となります。被相続人に子供がなく、父母もいないと、相続人は配偶者及び被相続人の兄弟姉妹になります。兄弟姉妹のうち、既に亡くなっている方がいる場合には、その子供が代襲相続人となり、相続人全員の協議が必要となります。被相続人の兄弟がたくさんいる場合や、被相続人の甥や姪が相続人となる場合は、相続人の数が多くなるため、全員の協議をまとめることが大変となるケースが多くなります。

分割協議が大変となる具体例を見てみましょう。

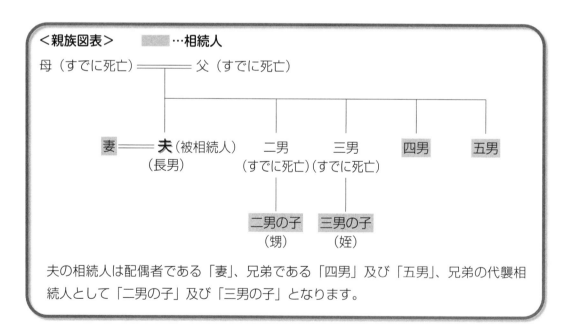

＜親族図表＞ ▨▨▨…相続人

夫の相続人は配偶者である「妻」、兄弟である「四男」及び「五男」、兄弟の代襲相続人として「二男の子」及び「三男の子」となります。

遺産分割協議は、妻及び夫の兄弟、甥・姪の5人で行うこととなり、兄弟たちが遺産分割について権利を主張する場合は、妻がスムーズに夫の遺産を承継できない場合があります。このように夫婦に子がいないケースでは、相続人が多くなる可能性があ

りますので、遺言などにより妻に残す遺産を確定させておくことをおすすめします。

　なお、兄弟姉妹が相続人の場合には遺留分がないため、妻に遺産の全部を相続させるという遺言書を書いたときは、兄弟姉妹は遺産を取り戻すことができず遺言どおりに遺産の全部が妻にわたることとなります。

コラム 12

本家筋の不動産はどうなるの？　妻に全部は…

　先祖代々栄えてきた裕福家とつつましく暮らしてきた辛抱家があり、裕福家の長男と辛抱家の三女はお互いの環境とは関係なく恋愛結婚しました。裕福家の父に相続が発生し、後継ぎである長男が裕福家の莫大な不動産を相続しました。その後、本家として莫大な不動産を受け継いだ長男には子ができず、夫婦ともに年齢を重ねていきました。長男の兄弟には二男及び三男がいましたが、長男と二男及び三男は仲が悪かったため、長男は遺産の全部を妻にあげるという遺言書を作成しました。

　その後、長男に相続が発生し、二男及び三男は裕福家の不動産を相続できると思っていましたが、遺言書があり、かつ、その内容は長男の妻に全部あげるという内容であったため、遺留分のない二男及び三男は長男の妻に承継された遺産を取り戻すことはできませんでした。その結果、裕福家の遺産はすべて妻に承継され、妻の相続後は妻の辛抱家である兄弟姉妹に承継されるという結果となりました。

　一代にして、裕福家と辛抱家の立場が逆転しましたとさ。めでたし、めでたし？これでよかったのでしょうか？

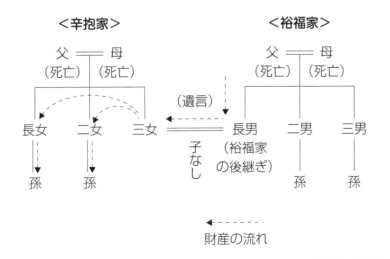

Q44　親に多額の借金があったらどうするの？

> **Q**　亡くなった父には、借金がたくさんあるようです。プラスの財産もあり、差し引きプラスかどうかわかりません。この借金は必ず相続人が支払わなければならないのでしょうか？

A　相続が発生した場合には、相続人は相続開始の時から、被相続人に属した一切の権利義務を承継することになります。被相続人の財産には、プラスの財産のほか、マイナスの財産も含まれます。もし、被相続人の残した財産が、プラスかマイナスかわからない場合もありますから、相続人の保護という観点から、相続人は相続の方法を次の3つから自由に選択することができます。

単純承認	相続放棄	限定承認

なお、相続放棄をしても生命保険金を受け取ることができますが、相続税の取扱いが単純承認とは異なります（Q13（37ページ）参照）。

一切の財産を相続する単純承認

単純承認とは、被相続人の一切の権利義務を承継する方法をいいます。したがって、被相続人のプラスの相続財産をマイナスの相続財産が上回る場合には、相続人はマイナスの財産を返済しなければなりません。

また、相続開始を知った日から3か月以内に意思表示をしなかった場合には、自動的に単純承認したものとみなされます。

> **単純承認したものとみなされる場合**
> - 相続人が相続財産の全部又は一部を処分したとき
> - 相続人が相続の開始があったことを知った時から3か月以内に限定承認又は相続の放棄をしなかったとき
> - 相続人が限定承認又は相続放棄をした後で相続財産の全部若しくは一部を隠匿し、私的にこれを消費し、又は悪意でこれを財産目録に記載しなかったとき

一切の財産を相続しない相続放棄

相続放棄とは、被相続人のプラスの財産もマイナスの財産もすべての財産を放棄し、一切の財産を相続しない方法です。

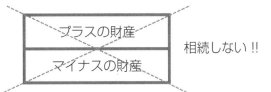

相続放棄をした者は、その相続に関しては、初めから相続人とならなかったものとみなされます。

相続放棄をした者の子や孫が、代襲相続をすることはできません。また、生前の相続放棄は認められていません。

※ 一旦相続放棄が受理されると、簡単に相続放棄の撤回をすることはできません。

条件付きで相続する限定承認

限定承認とは、プラスの財産の範囲内でマイナスの財産を引き継ぐことを条件に、相続を承認する方法です。ただし、相続人が複数いるときは、共同相続人の全員が共同して行う必要があります。

プラスの財産の範囲内でマイナスの財産を引き継ぐ条件付き

プラスの財産	
マイナスの財産	（返済しない）

※ 相続人の中に単純承認をする人がいる場合は、限定承認は選択できません。ただし、相続放棄をした人がいる場合は、その人を除く全員が合意すれば可能です。

〈注意〉 限定承認をした場合には、被相続人が相続人にその相続開始の時にその資産を時価で譲渡したものとみなして、所得税が課税されます。

Q45　遺産分割協議はどのようにするの？

> **Q**　相続財産の分け方について教えてください。

A　相続が発生すると、遺産は相続人全員の共有となりますが、この遺産の分け方を共同相続人間で話し合い、それぞれの財産の取得者を決めることを、遺産分割協議といいます。分割の方法には、現物分割、代償分割、換価分割、共有分割があります。

　また、遺言があれば分割協議は不要なのかという問題があります。遺言は法定相続分よりも優先されますが、遺贈は放棄することができますので、相続する人が決まっていない財産があると、分割協議が必要となる場合もあります。

遺言について

民法では、遺言によってできる行為を、次に限定しています。

- 認知
- 財産処分
- 後見人及び後見監督人の指定
- 相続人の廃除、又は廃除の取消し
- 相続分の指定、又は指定の委託
- 遺産分割方法の指定、又は指定の委託
- 遺産分割の禁止
- 相続人相互間の担保責任の指定
- 遺言執行者の指定、又は指定の委託
- 配偶者居住権の設定
- 遺留分侵害額の負担の指定

　遺贈とは、遺言による贈与であり、「特定遺贈（注1）」と「包括遺贈（注2）」があります。

　特定遺贈は、遺言者の死亡後いつでも放棄することができ、その効果は遺言者死亡の時に遡及します。包括遺贈による包括受遺者は、相続と同一の権利義務を有しますので、遺贈の放棄などは、相続開始から3か月以内に行う必要があります（Q44（114

ページ）参照）。

（注1）　特定遺贈とは、遺言により誰にどの財産を贈与するのかなど、明確にされている遺贈のことをいいます。

（注2）　包括遺贈とは、遺言により誰に遺産に対する一定の割合のみを指定して行われる遺贈のことです。

遺産分割の実施

　遺言がない場合、遺言に記載されていない財産がある場合、特定遺贈が放棄された財産がある場合などの未分割財産について、具体的に「誰が」「何を」「どのように」取得するかを、相続人全員で、遺産分割協議をする必要があります。なお、遺産分割は相続開始後いつでもできます。

　ただし、死亡保険金や死亡退職金は指定された受取人に支払われますので、この遺産分割の対象から除外されます。

現物分割	換価分割	代償分割	共有分割
遺産をそのままの現物で、相続人ごとに分配をする遺産分割の一般的な方法です。	遺産を売却して換金し、その換金した現金を相続人で分ける方法です。ただし、その資産を譲渡して譲渡代金を分けた場合には、相続人全員に譲渡所得が生じます。	相続人の1人が多めの遺産を取得した場合において、その代償として、他の相続人に対して、金銭その他の財産を与える方法です。	遺産の一部又は全部を、2人以上の相続人が共有持分で保有する方法です。

遺産分割協議書の作成（付録3参照）

　上記により、遺産分割協議が整い次第、遺産分割協議書を作成します。

　この協議書には相続人全員が署名し、印鑑証明を受けた実印で押印します。未成年者の場合は特別代理人が署名・押印します。なお、協議書の原本を相続人の全員が保管できるように、複数作成するのが望ましいです。

Q46　遺産が分割されない場合はどうなるの？

> **Q**　相続人間でもめてしまい、遺産分割協議が成立しそうにありません。分割が成立するまで、相続税の申告はしなくてよいですか？

A　遺産分割協議が成立しない場合でも相続税の申告が必要となります。

　相続税の申告期限までに相続財産の分割ができない場合は、相続人が民法に規定する法定相続分どおりに財産を取得したものと仮定して、課税価格を計算し、この課税価格を基に相続税額を申告納付します。

> **Q**　父の相続人は私（長男）と弟の2名です。母はすでに他界しています。父の相続において、申告期限までに遺産分割協議が成立しなかったため、15,000万円の遺産が未分割となっています。また、私は父より10年前に住宅の資金として1,000万円の贈与を受けています。父の死亡保険金については私が3,000万円、弟が1,000万円取得することになっています。相続税の計算はどのようにするのですか？

A　未分割遺産に相続人の特別受益額（生前贈与及び遺贈等）（41ページ参照）を加算（これを「持戻し」といいます。）し、これを相続分で按分し特別受益額を控除して課税価格を計算します。

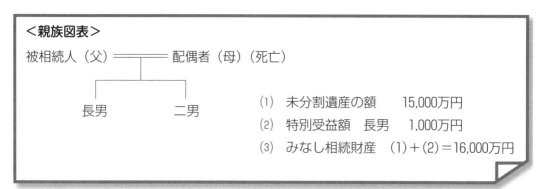

```
＜親族図表＞
被相続人（父）━━━━━ 配偶者（母）（死亡）
        │
    ┌───┴───┐
   長男      二男      (1)  未分割遺産の額    15,000万円
                      (2)  特別受益額  長男   1,000万円
                      (3)  みなし相続財産  (1)＋(2)＝16,000万円
```

$$\left.\begin{array}{l}\text{長 男}\\\text{二 男}\end{array}\right\}16{,}000万円\times\left\{\begin{array}{l}1/2-1{,}000万円（特別受益額）=7{,}000万円\\1/2=8{,}000万円\end{array}\right.$$

（単位：万円）

項目	合計額	長男	二男
持分額（特別受益額控除後）	15,000	7,000	8,000
生命保険金	4,000	3,000	1,000
同上の非課税金額※	▲1,000	▲750	▲250
課税価格	18,000	9,250	8,750
基礎控除額	▲4,200		
相続税額	2,739	1,408	1,331

※ 非課税金額

500万円×2人（法定相続人の数）＝1,000万円＜3,000万円＋1,000万円＝4,000万円

$$\left.\begin{array}{l}\text{長 男}\\\text{二 男}\end{array}\right\}1{,}000万円\times\left\{\begin{array}{l}3{,}000万円/4{,}000万円=750万円\\1{,}000万円/4{,}000万円=250万円\end{array}\right.$$

119

Q47　遺産が未分割で申告を行う場合の注意点は？

> **Q**　遺産が未分割で申告を行う場合に注意すべき点はありますか？　また相続税の計算上不利になることはありますか？

A　遺産が未分割のままで申告をする場合は、申告時点では相続税の優遇規定を受けることができないため、いったん多くの相続税を納める必要があります。また、将来の分割時に優遇規定の適用を受けるためには、一定期間内に税務署長に申請書等を提出する必要があります。

◆未分割の場合に適用が受けられない優遇規定◆

規定	内容	参照Q
配偶者の税額軽減の特例	配偶者が取得する財産について、法定相続分又は1億6,000万円以下であれば、配偶者に相続税はかかりません。	Q19 （50ページ）
小規模宅地等の特例	被相続人等の居住又は事業の用に供されていた土地等を一定の要件を満たす親族が取得する場合に土地等の評価額について一定の減額の適用があります。	Q56～Q58、Q67 （145～153、179ページ）
非上場株式等に係る相続税の納税猶予及び免除制度	被相続人から被相続人が経営していた非上場会社の株式をその経営を承継する一定の要件を満たす親族が取得した場合はその取得する非上場株式の一部について相続税の納税が猶予されます。	Q75 （199ページ）
農地等に係る相続税の納税猶予及び免除制度	農業を営んでいた被相続人等から一定の相続人が一定の農地等を相続等によって取得し、農業を営む場合には、取得した農地等の価額のうち農業投資価格による価額を超える部分に対応する相続税の納税が猶予されます。	Q78 （207ページ）
山林に係る相続税の納税猶予及び免除制度	特定森林経営計画が定められている区域内に存する山林を有していた被相続人から相続等により特例施業対象山林の取得をした一定の相続人が、自ら山林の経営を行う場合には、その林業経営相続人が納付すべき相続税のうち、特例山林に係る課税価格の80％に対応する相続税の納税が猶予されます。	Q80 （212ページ）
医療法人の出資持分に係る相続税の納税猶予及び免除制度	医療法人が相続税の申告期限において認定医療法人に該当する場合は、担保の提供を条件に、持分に係る相続税額について一定期間納税が猶予されます。また一定期間内に「持分の定めのない医療法人」に移行し、相続人が持分のすべてを放棄した場合には猶予税額が免除となります。	Q77 （204ページ）

□遺産分割時に「配偶者の税額軽減の特例」及び「小規模宅地等の特例」の適用を受けるための申請書等

A：申告期限後3年以内の分割見込書

期限内申告時において、遺産が分割されていない未分割財産については、「配偶者の税額軽減の特例」及び「小規模宅地等の特例」の適用を受けることはできません。この場合、相続税の申告書に「申告期限後3年以内の分割見込書」を添付して提出し、相続税の申告期限から3年以内に分割された場合には、適用を受けることができます。実際には、分割が行われた日の翌日から4か月以内に「更正の請求」をすることになります。

B：遺産が未分割であることについてやむを得ない事由がある旨の承認申請書

相続税の申告期限の翌日から3年を経過する日においてやむを得ない事情（下記参照）がある場合において、申告期限後3年を経過する日の翌日から2か月を経過する日までに、「遺産が未分割であることについてやむを得ない事由※がある旨の承認申請書」を提出し、所轄税務署長の承認を受けたときには、判決等により分割が確定したときに、「配偶者の税額軽減の特例」及び「小規模宅地等の特例」の適用を受けることができます。適用を受ける場合は、分割が行われた日の翌日から4か月以内に「更正の請求」をします。※　これらの事由が生じていることを証する書類を添付します。

※　「やむを得ない事由」とは
- 相続又は遺贈に関する訴えの提起がされている場合
- 相続又は遺贈に関する和解、調停又は審判の申立てがされている場合
- 相続又は遺贈に関し、遺産の分割の禁止の規定により遺産の分割が禁止され、相続の承認又は放棄をすべき期間の規定により相続の承認若しくは放棄の期間が伸長されている場合
- 分割が遅延したことにつき税務署長においてやむを得ない事情があると認める場合

□申請書の提出時期

※　相続の開始があったことを知った日の翌日から10か月を経過する日

Q48 遺産分割って、相続した現物しか分けられないの？

> **Q** 母が遺した遺産は、区分所有のマンション1室だけでした。遺産を分割する際、私たち兄弟妹3人で相続することになりますが、弟と妹はマンションではなく、現金が欲しいと言っています。この場合、何かよい方法はありませんか？

A お尋ねの場合、代償分割といって、あなたがマンション1室を相続する代わりに、他の弟妹2人に代償金を支払うことにより、遺産を分割することができます。

代償分割とは

遺産の分割方法として、次の4つの方法があります。その中で、代償分割とは、遺産の分割に当たって、共同相続人などのうちの1人または数人が現物の相続財産を取得する代わりに、その現物を取得した人が他の共同相続人などに対して、代償を支払う分割方法で、現物分割が困難な場合に行われます。

分割方法	内　　　容
現物分割	現金、土地などの現物の遺産を相続人間で物理的に分ける
共有分割	遺産を複数の相続人の共有名義とする
換価分割	遺産を売却し、その売却代金を相続人間で分ける
代償分割	遺産を取得した相続人が、ほかの相続人に代償金を支払う

代償分割の相続税計算方法

相続税の課税価格の計算では、代償分割の対象となった財産の評価額について、相続税評価額と代償分割時の時価のどちらに依ったかに応じて、相続人ごとの課税価格が変わります。

● **相続税評価額を使った場合**

相　続　人	相　続　税　の　課　税　価　格		
代償財産を交付した人	相続または遺贈により取得した現物の財産の価額	－	交付した代償財産の価額
代償財産の交付を受けた人	相続または遺贈により取得した現物の財産の価額	＋	交付を受けた代償財産の価額

〈計算例①〉

　相続人である長男が、相続によりマンション１室の建物と土地（相続税評価額6,300万円、代償分割時の時価7,500万円）を取得する代わりに、相続人である二男・長女に対しそれぞれ現金2,100万円ずつを支払った場合

| 長男の課税価格 | 6,300万円－2,100万円×２人＝2,100万円 |
| 二男・長女それぞれの課税価格 | 0円＋2,100万円　　　　＝2,100万円 |

● **代償分割の対象となった財産が特定され、かつ、代償分割時の時価を使った場合**

相続人	相　続　税　の　課　税　価　格		
代償財産を交付した人	相続または遺贈により取得した現物の財産の価額	－ 交付した代償財産の価額 ×	代償分割対象財産の相続時の相続税評価額 <hr> 代償分割対象財産の代償分割時の通常取引価額
代償財産の交付を受けた人	相続または遺贈により取得した現物の財産の価額	＋ 交付を受けた代償財産の価額 ×	代償分割対象財産の相続時の相続税評価額 <hr> 代償分割対象財産の代償分割時の通常取引価額

〈計算例②〉（国税庁ＨＰタックスアンサーによる計算例）

　上記の①の計算例において、相続財産であるマンション１室の建物と土地の代償分割時の時価7,500万円を基に代償財産を決定し、長男が次男・長女に対しそれぞれ現金2,100万円ずつを支払った場合

| 長男の課税価格 | $6,300万円－2,100万円×２人×\dfrac{6,300万円}{7,500万円}＝2,772万円$ |
| 二男・長女それぞれの課税価格 | $0円＋2,100万円×\dfrac{6,300万円}{7,500万円}＝1,764万円$ |

〈計算例③〉

　上記の②の計算例において、相続財産であるマンション１室の建物と土地の代償分割時の時価7,500万円を基に代償財産を決定し、長男が次男・長女に対しそれぞれ現金2,500万円ずつを支払った場合

| 長男の課税価格 | $6,300万円－2,500万円×２人×\dfrac{6,300万円}{7,500万円}＝2,100万円$ |

二男・長女それぞれの課税価格	$0円＋2,500万円×\dfrac{6,300万円}{7,500万円}＝2,100万円$

　上記計算例③のように、共同相続人および包括受遺者の全員の協議に基づいて、計算例②の方法に準じた方法又は他の合理的と認められる方法により、代償財産の価額を計算して申告する場合には、その申告した価額によることが認められます。

金銭に代えて相続人固有の資産を交付する場合

　代償財産を交付する相続人が、代償財産として、その人が元々所有していた不動産等の資産を交付する場合は、遺産の代償分割により負担した債務を履行するための資産の移転となりますので、その代償財産を交付した相続人は、その交付時の時価でその資産を譲渡したものとして、譲渡益に対し所得税が課税されます。

　一方、代償財産として不動産等の資産を取得した相続人は、その交付があった時の時価でその資産を取得したことになります。

Q49　遺言書で特定の人に全部の財産をあげることはできるの？

> **Q**　父の遺言書では、相続財産の全部を弟に相続させるようになっていますが、私は財産を相続することはできないのでしょうか？

A　民法では、一定の相続人（遺留分権利者）のために、法定相続人が相続できる財産のうち、一定の割合を取得することができる最低保障額として、遺留分制度を認めています。

遺留分の算定は、相続開始時の財産額から債務を控除して計算しますが、この際、持ち戻しとして生前贈与財産額を加算します。なお、この持ち戻しの対象となる生前贈与は、原則として相続開始前10年以内にされた相続人に対するものに限定されています。

遺留分の権利を有する者は、法定相続人のうち、配偶者、直系卑属（子又は孫）、直系尊属（父母又は祖父母）に限られていますので、兄弟姉妹には認められていません。

ご質問のように、被相続人が遺留分を侵害する遺言をしても、その遺言書が無効になるわけではありません。遺留分を侵害された相続人が、自己の遺留分の侵害されている部分に相当する金銭を取り戻すため、遺留分侵害額請求の手続をすることができます。令和元年7月1日より前の相続では遺留分減殺請求として相続財産のうち遺留分に相当する部分を取り戻す形でしたが、令和元年7月1日以後の相続では、財産ではなく金銭で取り戻す形に変更されました。

遺留分侵害額請求の方法は、特に定められていませんが、相手方に確実に意思が伝わり、また、請求の時期を明確にするためには、一般的に内容証明郵便が用いられます。なお、遺留分侵害額請求は、相続開始と遺留分が侵害されたことを知った日から1年以内に行使しないと、時効によって消滅します。また、相続開始から10年を経過したときも消滅します。

なお、遺留分侵害額に相当する金銭の支払請求を受けた人が、金銭の支払に代えて、相続したものも含めてその人の所有する土地や株式等を移転させることで、遺留分侵害額を消滅させた場合には、その消滅した遺留分侵害額に相当する金額でその移転させた土地や株式等の譲渡をしたものとして譲渡所得の課税がされることになります。

◆具体的な遺留分の割合◆

相続人	遺留分
配偶者又は子が相続人のとき	相続分の１／２
父母のみが相続人のとき	相続分の１／３

(注) 兄弟姉妹（代襲者を含みます。）には、遺留分はありません。

具体的な遺留分の計算

―ケース１― 相続人が、配偶者と子３人として、遺留分を算定した場合

配偶者 被相続人の財産の１／２（総体的遺留分）×１／２（法定相続分）
＝１／４（個別的遺留分）

子 被相続人の財産の１／２（総体的遺留分）× ｛１／２×１／３（法定相続分）｝
＝１/12（個別的遺留分）

―ケース２― 相続人が、配偶者と母（直系尊属）として、遺留分を算定した場合

配偶者 被相続人の財産の１／２（総体的遺留分）×２／３（法定相続分）
＝１／３（個別的遺留分）

母 被相続人の財産の１／２（総体的遺留分）×１／３（法定相続分）
＝１／６（個別的遺留分）

―ケース３― 相続人が、配偶者と兄（兄弟姉妹）として、遺留分を算定した場合

配偶者 遺留分侵害額請求は生じません。

兄 遺留分はありません。

コラム 13

遺留分を考慮した遺言書の作成

　遺留分は、被相続人の生前に放棄することもできます。

　相続財産が住んでいる家しかない場合等、同一生計親族に家を残したいときは、相続発生後に他の相続人が遺留分侵害額請求をしないように、生前に家庭裁判所で許可を受けて、遺留分の放棄をすることができます。

　しかし、生前に遺留分の放棄をしてもらうことは難しいので、遺留分を侵害しないような遺言書を作成しておくことが、相続でもめないための知恵です。

Q50　遺言書が見つかった場合はどうすればいいの？

> **Q**　父の自筆の遺言書が見つかりました。すぐに開封をしてもいいのでしょうか？

A　遺言書を見つけた場合には、勝手に開封をしてはいけません。速やかに、家庭裁判所に提出をして「検認」の手続をしてください。

具体的方法としては、家庭裁判所に備え付けの「遺言書検認申立書」に「相続人等の目録」を添付して提出します。遺言書の提出先は、遺言者の住所地を管轄する家庭裁判所になります。

遺言書の検認とは、遺言書の状態の検査をすることをいいますが、遺言書が間違いなく遺言者の作成によるものであることを確認するための、一種の証拠保全手続となります。

上記の遺言の提出を怠たり、検認を受けずに開封をした場合等には５万円以下の過料に処せられますから注意をしてください。

また、故意に遺言書の隠匿等をした場合も、相続人の資格を失うことがありますので注意をしてください。

なお、法務局において適正に管理・保管される自筆証書遺言書保管制度が令和２年７月10日から開始しました。詳しくはQ51を参照してください。

遺言書が複数あった場合

遺言書が複数あった場合、内容が矛盾しているときには日付の前後で確定します。すなわち、前の遺言のその矛盾する部分については無効とされます。また、令和５年３月吉日という記載は無効とされた裁判例もありますから注意が必要です。

◆遺言書の種類◆

	自筆証書遺言	公正証書遺言	秘密証書遺言
作成方法	遺言者が遺言の全文と日付、氏名を自分で書き、押印したものです。この場合、他人が代筆したものやワープロで打ったものは無効となります。自筆証書遺言書保管制度を活用する場合、財産目録については、ワープロで打ったものや不動産の登記事項証明書、通帳のコピー等の資料を添付する方法で作成することができます。その場合は、その目録の全てのページに署名押印が必要です。	証人2人以上の立会いのもとで、遺言者が口述した内容を、公証人が筆記し、遺言者と証人が承認した上で、全員が署名・押印して作成します。	署名以外は、遺言者の自筆でなくてもよいので、代筆やワープロでも可能です。この場合、遺言書に遺言者が署名と押印をした上で封入し、遺言書に用いた印鑑で封印します。そして、遺言者は証人2人以上の前に封印した遺言書を公証人及び証人へ提出し、自分の遺言であることを述べて、封書に全員の署名と押印をしてもらいます。
印鑑	認印可	遺言者が実印を使用。承認は認印でも可	認印可
保管方法	遺言者が保管又は自筆証書遺言書保管制度を活用し、法務局に預ける（Q51）	遺言の原本は、公証人役場で保管され、遺言者には正本と謄本が交付されます。	遺言者が保管
家庭裁判所の検認	必要（自筆証書遺言書保管制度を活用する場合は不要（Q51））	不要	必要
特徴	遺言書の内容と存在を秘密にすることができ、作成が簡単で費用がかかりません。しかし、紛失した場合、また内容の形式要件に不備がある場合等は、その遺言書は無効になります。自筆証書遺言書保管制度の場合、相続開始後、相続人等に一定の証明書等が交付されます（Q51）。	変造や紛失の恐れがなく、また無効になる恐れも少ないため、最も確実な遺言書の作成方法です。しかし、遺言の内容は証人や公証人に知られることとなり、また、若干の費用がかかります。	遺言者の存在が証人や公証人に知れますが、内容は秘密になります。ただし、証人と公証人は内容にチェックをしていないので、内容に不備があった場合には無効になります。また、若干の費用を要します。

・コラム 14・・・・・・・・・・・・・・・・・・・・・・・・・・・・・・・・・・

遺言書が見つかったら、必ず従わなければいけないの？

　例えば、特定の相続人に全部の遺産を相続させる旨の遺言書がある場合に、相続人全員で遺言書の内容と異なった遺産分割をしたらどうなるでしょうか。

　この場合、法的には、受遺者である相続人が遺贈を事実上放棄し、共同相続人間で遺産分割が行われたとみるのが相当だとされます。したがって、各人の相続税の課税価格は、相続人全員で行われた分割協議の内容によることとなります。

　なお、遺言書に従わなかったからといって、受遺者である相続人から他の相続人に対して贈与があったものとして、贈与税が課されることにはなりません。

Q51　自筆証書遺言書保管制度とはどのような制度なの？

> **Q**　自筆の遺言書を公的な機関に保管してもらう方法はありますか？

A　自筆証書遺言書保管制度があります。自筆証書遺言書保管制度とは、遺言者が「民法の規定により定められた形式の遺言書」を自ら作成し、法務局（遺言書保管所）に預ける制度です。遺言者自らが保管していた自筆証書遺言書は、遺言者の死亡後、家庭裁判所における検認手続が必要となりますが、この制度を利用して法務局に預けられた遺言書については検認手続が不要です。

制度の概要

　自筆証書遺言書保管制度は令和2年7月10日から開始しました。保管申請時に、遺言書が法務局で定められた様式に適合するかチェックを受けられます。さらに遺言書は長期間適正に管理され、原本については遺言者の死亡後50年間、画像データは150年間管理されます。そのため紛失等のおそれがなく、利害関係者等による遺言書の破棄や改ざんを防ぐことができます。

　また相続後、家庭裁判所における検認が不要であり、相続人等は法務局にて遺言書の閲覧や遺言書情報証明書（目録を含む遺言書の画像情報が表示されるものであり、遺言書の内容の証明書となるもの）の交付を受けることができます。

相続人等に対する通知について

　遺言者は生前中に予め通知者を1名定め、相続後に法務局を通じ遺言書が保管されている旨の通知（指定者通知）をすることができます。また指定者通知の他、法務局が相続人等のうち1名に遺言書情報証明書の交付をした場合、遺言者の相続人や遺言書に記載された受遺者等及び遺言執行者等に対して法務局に遺言書が保管されている旨の通知（関係遺言書保管通知）がされます。

民法の規定により定められた形式の遺言書とは

　自筆証書遺言書保管制度により保管される遺言書は、民法第968条の自筆証書によってした遺言に係る遺言書に限られ、要件を満たしていない遺言書は法務局にて保管することができません。民法では自筆証書遺言について下記のとおり要件が付されて

います。

> 1　自筆証書によって遺言をするには、遺言者が、その全文、日付及び氏名を自
> 書し、これに印を押さなければならない。
> 2　自筆証書にこれと一体のものとして相続財産の全部又は一部の目録を添付す
> る場合には、その目録については、自書することを要しない。この場合におい
> て、遺言者は、その目録の毎葉（自書によらない記載がその両面にある場合に
> あっては、その両面）に署名し、印を押さなければならない。
> 3　自筆証書（前項の目録を含む。）中の加除その他の変更は、遺言者が、その
> 場所を指示し、これを変更した旨を付記して特にこれに署名し、かつ、その変
> 更の場所に印を押さなければ、その効力を生じない。

　具体的な作成のイメージとしては、遺言書の１ページ目に自筆で遺言の内容、日付
及び氏名を記載した上で押印し、２ページ目以降の財産目録を添付します。財産目録
について、不動産は登記事項証明書、預貯金は通帳（銀行名、支店名、口座名義、口
座番号等が分かるページ）をコピーし、これらのコピーに遺言者が自筆署名及び押印
をします。なお平成31年１月12日以前に作成された遺言書に係る財産目録は、コピー
ではなく自筆で作成されている必要があります。

　またこれらの民法上の要件に加え、法務局における保管のルール（法務局における
遺言書の保管等に関する省令別記第１号様式）があります。具体的にはＡ４サイズで
あること、余白（上部５ミリメートル、下部10ミリメートル、左20ミリメートル、右
５ミリメートル）を確保する、消えるインク等は使用せず、ボールペンや万年筆など
の消えにくい筆記具を使用すること、ページ番号を記載すること等がありますので、
ルールの詳細については法務局ホームページをご確認ください。

　　参考URL：
　　自筆証書遺言書保管制度のご案内-法務局-法務省　法務省民事局
　　https://houmukyoku.moj.go.jp/mito/page000001_00041.pdf
　　自筆証書遺言書保管制度について　法務省
　　https://www.moj.go.jp/MINJI/minji03_00051.html

自宅の相続編

入門者編

相続紛争編

自宅の相続編

事業承継編

付　録

Q52　土地の評価はどのようにするの？

> **Q**　父から相続により土地を取得しました。この土地の評価方法について教えてください。

A　土地の評価には、一般的には路線価を基準にして評価する路線価方式と固定資産税評価額を基準にして評価する倍率方式の2つがあります。路線価の付されている地域については、路線価方式で評価し、それ以外の地域については、倍率方式により評価します。

評価の原則について

　相続税や贈与税を計算するためには、モノの値段を決めなければなりません。そこで、国税庁は財産の価格を決定するための具体的な評価方法を定め、納税者の便宜と評価の統一を図っています。

　相続税法は、相続又は遺贈により取得した財産の評価は、原則として、その取得時の時価により評価するとしています。

　相続税法は、一定の財産以外については、具体的な評価方法を定めていないので、課税実務上は、「財産評価基本通達」に基づいて評価することとなります。

時価の時点について

　原則として、相続等又は贈与により財産を取得した時点の時価を用います。

　具体的には、相続又は遺贈の場合は、被相続人の死亡した日となります。贈与の場合は、契約その他の法律的原因に基づき財産を取得した日となります。

土地等の具体的評価方法について

□評価単位について

　土地及び土地の上に存する権利の価額は、地目別に評価をします。この地目とは、登記簿の地目にかかわらず、課税時期における土地の利用状況により判断します。

□宅地の評価単位について

　宅地は、自用、貸付けの用、貸家の用等の利用の単位となっている1区画の宅地を

評価単位とします。また、原則として、貸付先ごとに別単位とします。

□倍率方式による評価方法について

　倍率方式とは、評価をする宅地の固定資産税評価額に、国税庁が定めた一定の倍率を乗じて計算した調整金額をもって評価額とする方法です。

　固定資産税評価額は、市町村長等から固定資産税評価証明書又は名寄帳等の交付を受けることにより把握することができます。また、毎年5月ごろに市町村長等から送付される「固定資産税課税明細書」にも記載されています（下記参照）。

倍率方式の具体例

土地評価額：50,000,000円（価格）×1.2＝60,000,000円

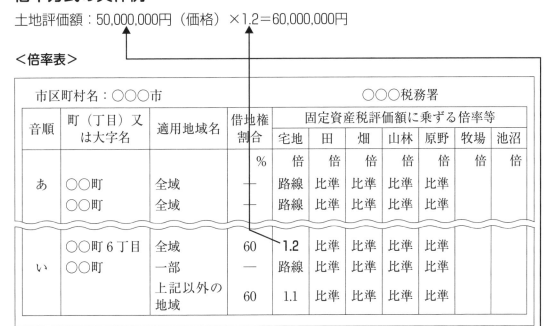

＜倍率表＞

市区町村名：○○○市				○○○税務署						
音順	町（丁目）又は大字名	適用地域名	借地権割合	固定資産税評価額に乗ずる倍率等						
				宅地	田	畑	山林	原野	牧場	池沼
			％	倍	倍	倍	倍	倍	倍	倍
あ	○○町	全域	―	路線	比準	比準	比準	比準		
	○○町	全域	―	路線	比準	比準	比準	比準		
い	○○町6丁目	全域	60	1.2	比準	比準	比準	比準		
	○○町	一部	―	路線	比準	比準	比準	比準		
		上記以外の地域	60	1.1	比準	比準	比準	比準		

＜固定資産税課税明細書＞

令和○○年度固定資産税・都市計画税課税明細書
　本年度課税された、1月1日現在あなたが所有している固定資産（土地・家屋）の明細をお知らせします。

土地の所在	登記地目 現況地目 非課税地目	登記地積㎡ 現況地積㎡ 非課税地積㎡	価格　　　　円 固定本則課税標準額円 都計本則課税標準額円	固定前年度課標等円 固定課税標準円 固定資産税(相当)額円	都計前年度課標等円 都計課税標準額円 都市計画税(相当)額円	小規模地積㎡ 一般住宅地積㎡ 非住宅地積㎡	負担水準（％） 固定　都計	固定小規模課標円 固定一般住宅課標円 固定非住宅課標円
○○6丁目○番○	宅地	150	50,000,000					
	宅地	150						

家屋の所在	区分家屋物件番号	家屋番号	種類・用途 構造 屋根	地上 地下	登記床面積㎡ 現況床面積㎡	価格　　　円	固定課税標準額円 都計課税標準額円
○○6丁目○○番地○		○○○-○	居宅　木造	2	83.63		
	10050		平○年　スレート	0	83.63	10,000,000	

○○都税事務所　納税通知書番号	100050335	CD	7

※納税通知書（1枚目）の課税標準額及び税額は端数処理をしていますので、この明細書の合計と一致しない場合があります。詳しくは裏面をご覧ください。
※摘要欄に「共用土地」と印字されている場合は、マンション等の敷地が分割課税されている資産であることを表し、区分家屋欄に数字が印字されている場合は、マンション等の区分所有家屋が分割課税さ
　この場合の価格は、マンション等の敷地一筆全体、または家屋一棟全体の価格を印字していますが、課税標準額及び相当税額等は、持分割合等によりあん分した額を表示しています。その他詳細について

Q53　路線価方式とは？

 路線価方式による土地の評価はどのようにしますか？

A 路線価方式とは、国税局長が毎年一定の時期に、国税庁のホームページなどで公開している該当する土地の１㎡あたりの価額の路線価を基に、宅地の奥行距離に応じて奥行補正等その他一定の修正などを行い、調整した価額によって評価する方法です。

＜評価の手順＞

①国税庁ホームページで住所等より評価対象地の路線価図を確認する。
②対象地の路線価を確認する。
③固定資産税課税明細書（135ページ）より対象地の現況地積を確認する。

　土地の評価の方法については、評価物件の特定、資料の収集、地積の確定、地目の判定、評価単位の判定、利用状況及び権利関係の判定など、複雑及び多岐にわたりますので税理士にご相談されることをおすすめします。

○ 宅地の評価額（自用地）（自宅）

（例）
路線価図で500とあるのは50万円　　　地積　　　評価額※
（500千円→50万円） × 150㎡ ＝ 7,500万円

※ 正確には奥行や間口の長さ、宅地の形状等に応じて一定の補正を行います。

►＜路線価図＞

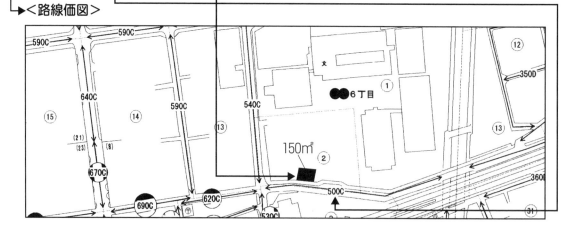

一方のみが路線に接する宅地

奥行価格補正率等による調整

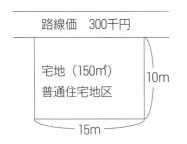

300千円（30万円）×1.00（奥行価格補正率（表1））
×150㎡＝45,000千円（4,500万円）

奥行価格補正率とは路線からの奥行距離に応じて決定される補正率です。

正面と側方に路線がある宅地

① 正面路線と交差する路線が通り抜けできる場合

正面路線とは各路線価に奥行価格補正率を乗じて求めた価額の1番高い路線をいいます。

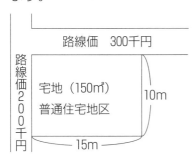

イ 300千円（30万円）×1.00（奥行価格補正率（表1））

ロ 200千円（20万円）1.00（奥行価格補正率（表1））×0.03（側方路線影響加算率（表2）（角地））＝6千円（0.6万円）

ハ イ＋ロ＝306千円（30.6万円）
306千円（30.6万円）×150㎡＝45,900千円（4,590万円）

② 正面路線と交差する路線が通り抜けできない場合

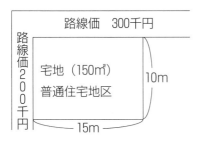

イ 300千円（30万円）×1.00（奥行価格補正率（表1））

ロ 200千円（20万円）×1.00（奥行価格補正率（表1））×0.02（側方路線影響加算率（表2）（準角地））＝4千円（0.4万円）

イ＋ロ＝304千円（30.4万円）

304千円（30.4万円）×150㎡＝45,600千円（4,560万円）

上記以外にも、正面と裏面に路線がある場合の二方路線影響加算率、形状の悪い土地に適用される不整形地補正率などがありますので、詳細は税理士にご確認ください。

◆奥行価格補正率表（平成30年分以降用）◆ （表１）

奥行距離（メートル）	ビル街地区	高度商業地区	繁華街地区	普通商業・併用住宅地区	普通住宅地区	中小工場地区	大工場地区
4未満	0.80	0.90	0.90	0.90	0.90	0.85	0.85
4以上　6未満		0.92	0.92	0.92	0.92	0.90	0.90
6 // 8 //	0.84	0.94	0.95	0.95	0.95	0.93	0.93
8 // 10 //	0.88	0.96	0.97	0.97	0.97	0.95	0.95
10 // 12 //	0.90	0.98	0.99	0.99	1.00	0.96	0.96
12 // 14 //	0.91	0.99	1.00	1.00		0.97	0.97
14 // 16 //	0.92	1.00				0.98	0.98
16 // 20 //	0.93					0.99	0.99
20 // 24 //	0.94					1.00	1.00
24 // 28 //	0.95				0.97		
28 // 32 //	0.96		0.98		0.95		
32 // 36 //	0.97		0.96	0.97	0.93		
36 // 40 //	0.98		0.94	0.95	0.92		
40 // 44 //	0.99		0.92	0.93	0.91		
44 // 48 //	1.00		0.90	0.91	0.90		
48 // 52 //		0.99	0.88	0.89	0.89		
52 // 56 //		0.98	0.87	0.88	0.88		
56 // 60 //		0.97	0.86	0.87	0.87		
60 // 64 //		0.96	0.85	0.86	0.86	0.99	
64 // 68 //		0.95	0.84	0.85	0.85	0.98	
68 // 72 //		0.94	0.83	0.84	0.84	0.97	
72 // 76 //		0.93	0.82	0.83	0.83	0.96	
76 // 80 //		0.92	0.81	0.82			
80 // 84 //		0.90	0.80	0.81	0.82	0.93	
84 // 88 //		0.88		0.80			
88 // 92 //		0.86			0.81	0.90	
92 // 96 //	0.99	0.84					
96 // 100 //	0.97	0.82					
100 //	0.95	0.80			0.80		

◆側方路線影響加算率表（平成19年分以降用）◆（表２）

地区区分	加算率	
	角地の場合	準角地の場合
ビル街地区	0.07	0.03
高度商業地区 繁華街地区	0.10	0.05
普通商業・併用住宅地区	0.08	0.04
普通住宅地区 中小工場地区	0.03	0.02
大工場地区	0.02	0.01

※　準角地とは、次図のように一系統の路線の屈折部の内側に位置するものをいいます。

道路

Q54　建物の評価はどのようにするの？

> **Q** 父から相続により建物を取得しました。父が所有していた建物には、自宅の建物と貸家の建物がありますが、この建物はどのように評価しますか？

A 家屋の評価方法は、原則として、一棟の建物を評価単位として、固定資産税評価額に一定の倍率を乗じた金額が相続税評価額となります。

家屋の固定資産税評価額と評価方法について

家屋の固定資産税評価額は、建物のある市区町村の役所又は役場において確認をすることができます。

(注)　土地や建物の固定資産税評価額は、３年毎に改訂されます。

具体的な計算方法

□自用家屋の評価方法について

自宅（自用家屋）の場合等の具体的な計算方法は、次の方法となります。

固定資産税評価額が1,000万円の自用家屋の評価
1,000万円×1.0（評価倍率）＝1,000万円

(注)　家屋の評価額の計算に用いる評価倍率は、現在は1.0倍となっています。

(注)　家屋と構造上一体となっている設備等については、その家屋に含めて評価をします。

□貸家建物の評価方法について

貸家建物の場合には、借家権割合を考慮しますので、次の算式となります。

貸家の評価額＝固定資産税評価額×（１－借家権割合(注)×賃貸割合）

(注)　借家権割合について

借家権割合は、国税局長が定めることとされています。東京国税局管内の借家権割合は、一律に30％と定められていますが、各国税局の財産評価基準書により確認をしてください。

借家権については、借地借家法の適用がある家屋の賃借人の有する賃借権をいいますので、家屋が使用貸借の場合は控除しません。

□門、塀等の評価について

再建築価額から、一定の減価の額を控除した金額の70%相当額で評価します。

□庭木、庭石等について

調達価額の70%相当額で評価します。

⒬　調達価額とは、課税時期において、その財産をその財産の現況により取得する場合の価額をいいます。

□その他の財産について

相続税法の財産評価基本通達に従って、相続開始時の時価を算定します。

＜固定資産税課税明細書＞

令和○○年度固定資産税・都市計画税課税明細書
本年度課税された、１月１日現在あなたが所有している固定資産（土地・家屋）の明細をお知らせします。

土地の所在	登記地目	登記地積㎡	価格 円	固定前年度課標等円	都計前年度課標等円	小規模地積㎡	負担水準（％）	固定小規模課標円
	現況地目	現況地積㎡	固定本則課標準額円	固定課税標準額円	都計課税標準額円	一般住宅地積㎡		固定一般住宅課標円
	非課税地目	非課税地積㎡	都計本則課標準額円	固定資産税(相当)額円	都市計画税(相当)額円	非住宅地積㎡	固定 都計	固定非住宅課標円
○○6丁目○○番○	宅地	150	50,000,000					
	宅地	150						

家屋の所在	区分家屋 物件番号	家屋番号	種類・用途 建築年次	構造 屋根	地上 地下	登記床面積㎡ 現況床面積㎡	価格 円	固定課税標準額円 都計課税標準額円
○○6丁目○○番地○		○○○－○	居宅	木造	2	83.63		
	10050		平○年	スレート	0	83.63	10,000,000	

| ○○ 都税事務所 | 納税通知書番号 | 100050335 | CD | 7 |

※納税通知書（１枚目）の課税標準額及び税額は端数処理をしていますので、この明細書の合計と一致しない場合があります。詳しくは裏面をご覧ください。
※摘要欄に「共用土地」と印字されている場合は、マンション等の敷地が分割課税されている資産であることを表し、区分家屋欄に数字が印字されている場合は、マンション等の区分所有家屋が分割課税さ
　この場合の価格は、マンション等の敷地一筆全体、または家屋一棟全体の価格を印字していますが、課税標準額及び相当税額等は、持分割合等によりあん分した額を表示しています。その他詳細について

Q55　マンションの評価はどのようにするの？

> **Q**　父は分譲マンション住まいですが、相続税評価はどのようにしますか？
> マンションは、建物のみが評価対象ですか？

A　マンションは、通常区分所有となっています。被相続人が所有する区分所有部分について建物の評価をし、土地については区分所有に対応する敷地権割合を用いて評価します（令和5年12月31日までの相続または贈与）。

○○東マンション
正面路線価：30万円/㎡
利用状況：被相続人（父）の居住用

区分所有（マンション1部屋（107号室））部分の評価
【建物】　マンションの場合、価格は家屋一棟全体の価格となるため区分所有評価の場合は課税標準額を用いて計算します。
8,000,000円×1.0＝800万円←

【土地】　まずマンション敷地全体の評価を求めます。
30万円×21,500.00㎡（謄本の表題部（敷地権の目的である土地の表示）④地積参照）
＝64億5,000万円

敷地全体評価に表題部（敷地権の表示）③敷地権の割合を乗じて区分所有部分の評価を求めます。
64億5,000万円×9,500/3,000,000＝2,042万5,000円

マンション全体評価額
800万円＋2,042万5,000円＝2,842万5,000円

令和○○年度固定資産税・都市計画税課税明細書

本年度課税された、1月1日現在あなたが所有している固定資産（土地・家屋）の明細をお知らせします。

土地の所在	登記地目 現況地目 非課税地目	登記地積㎡ 現況地積㎡ 非課税地積㎡	価格 円 固定本則課税標準額円 都計本則課税標準額円	固定前年度課税標準等円 固定課税標準額円 固定資産税(相当)額円	都計前年度課税標準額円 都計課税標準額円 都市計画税(相当)額円	小規模地積㎡ 一般住宅地積㎡ 非住宅地積㎡	負担水準(%) 固定 都計	固定小規模課標円 固定一般住宅課標円 固定非住宅課標円	都計小規模課標円 都計一般住宅課標円 都計非住宅課標円
○○区○○東○丁目 1000番地2	宅地 宅地	20,140.33 20,140.33	4,865,420,360 810,903,393 1,621,806,786	2,225,829 31,161	4,791,474 7,186				

家屋の所在	区分家屋 物件番号	家屋番号	種類・用途 建築年次 構造 屋根	地上 地下	登記床面積㎡ 現況床面積㎡	価格 円	固定課税標準額円 都計課税標準額円	固定資産(相当)額円 都市計画税(相当)額円
○○区○○東○丁目1000番地2	10 10016	1000-2-107	居宅 鉄筋コン造 平10年 陸屋根	1 0	80.00 100.00	3,200,000,000	8,000,000 8,000,000	112,000 24,000

○○ 都税事務所 納税通知書番号 ☐☐☐☐☐☐ CD☐

※納税通知書（1枚目）の課税標準額及び税額は端数処理をしていますので、この明細書の合計と一致しない場合があります。詳しくは裏面をご覧ください。
※摘要欄に「共用土地」と印字されている場合は、マンション等の敷地が分割課税されている資産であることを表し、区分家屋欄に数字が印字されている場合は、マンション等の区分所有家屋が分割課税されている場合を表します
　この場合の価格は、マンション等の敷地一筆全体、または家屋一棟全体の価格を印字していますが、課税標準額及び相当税額等は、持分割合等によりあん分した額を表示しています。その他詳細については、同封のチラシをご覧

専有部分の家屋番号	1000-2-101 ～ 907 ☐B

表　題　部　（一棟の建物の表示）	調整 平成○年○月○日	所在図番号	余白
所　在　○○区○○東○丁目　1000番地2		余白	
建物の名称　○○東マンション		余白	

① 構　造	② 床　面　積　㎡	原因及びその日付〔登記の日付〕

表　題　部　（敷地権の目的である土地の表示）				
①土地の符号	② 所　在　及　び　地　番	③地目	④ 地　積　㎡	登　記　の　日　付
1	○○区○○東○丁目1000 番地2	宅地	☐D 21500:00	平成○年○月○日

表　題　部　（専有部分の建物の表示）	不動産番号	
家屋番号　○○東○丁目　1000番地2の107		余白
建物の名称　107号 ☐C		余白

① 種　類	② 構　造	③ 床　面　積　㎡	原因及びその日付〔登記の日付〕
居宅	鉄筋コンクリート造1階建	1階部分 ☐D 80:00	平成○年○月○日新築 ☐A
余白	余白	余白 ：　　：	昭和○年法務省令第37号附則第2条第2項の規定により移記 平成○年○月○日

表　題　部　（敷地権の表示）			
①土地の符号	②敷地権の種類	③ 敷　地　権　の　割　合	原因及びその日付〔登記の日付〕
1	所有権	☐D 3000000分の9500	平成○年○月○日　敷地権 〔平成○年○月○日〕

権　利　部　（甲区）　（所有権に関する事項）			
順位番号	登　記　の　目　的	受付年月日・受付番号	権　利　者　そ　の　他　の　事　項
1	所有権保存	平成○年○月○日 第○○○○号	原因 平成○年○月○日売買 所有者　○○区○○東○丁目○-○ 東京 太郎 順位1番の登記を移記
	余白	余白	昭和○年法務省令第37号附則第2条第2項の規定により移記 平成○年○月○日

＊　下線のあるものは抹消事項であることを示す。

〈令和6年1月1日以降のマンションの評価〉

　マンションの評価については、市場価格との大きな乖離が生じている実態を踏まえ、令和6年1月1日以後の相続等又は贈与により取得した一定のマンション一室（居住用の区分所有財産）の評価は、次の算式により計算することとなる予定です。

$$現行の相続税評価額 \quad \times \quad 評価乖離率※ \quad \times \quad 最低評価水準0.6（定数）$$

（注1）評価乖離率が0.6分の1以下となるマンション一室は、現行の相続税評価額×1.0とする。
（注2）評価乖離率が1.0未満となるマンション一室は、現行の相続税評価額×評価乖離率とする。

※　評価乖離率は、「①×△0.033＋②×0.239＋③×0.018＋④×△1.195＋3.220」により計算したものとする。
　①：マンション一室に係る建物の築年数
　②：マンション一室に係る建物の「総階数指数」として、「総階数÷33（1.0を超える場合は1.0）」
　③：マンション一室の所在階数
　④：マンション一室の「敷地持分狭小度」として、「マンション一室に係る敷地利用権の面積÷マンション一室に係る専有面積」により計算した値

●評価乖離率の計算（前ページの登記事項証明書の記号を参照してください。）
Ⓐ：築年数　10年と仮定します。
Ⓑ：総階数　9階÷33階＝0.272（小数点以下4位を切り捨て）
Ⓒ：所在階数
Ⓓ：敷地利用権の面積　21.500㎡×9500/3,000,000
　　　＝68.08㎡
　　　敷地持分狭小度＝68.08㎡÷80.00㎡＝0.851
評価乖離率＝10×△0.033＋0.272×0.239＋1×0.018＋0.851×△1.195
　　　　　＋3.22＝1.956

　令和6年1月1日以後のマンションの評価は、2,842万5,000円×1.956×0.6＝3,335万9,580円となります。

Q56　自宅の敷地の評価は低くなるの？

Q 居住用建物の敷地は、評価が低くなる優遇規定があると聞きましたが、本当ですか？　この場合、優遇規定を受けるために申告は必要ですか？

A 被相続人等の居住の用に供されていた宅地等について、一定の要件を満たせば、相続税の課税価額の減額ができます。この特例を「小規模宅地等の特例」といいます。この特例の適用を受けるためには、申告が要件となります（適用後の相続税額が0の場合でも、申告が必要です。）。

小規模宅地等の特例とは

　小規模宅地等の特例とは、相続人等が相続または遺贈により取得した財産のうちに、その相続開始の直前において被相続人又は被相続人と生計を一にしていた親族の事業の用（特定事業用宅地等（Q67（178ページ）参照））、居住の用（特定居住用宅地等）、不動産貸付の用（同族会社特定事業用宅地等、貸付事業用宅地等（Q67（178ページ）参照））に供されていた宅地等で、一定の要件を満たしているものがある場合には、一定限度面積部分まで下記の割合で評価額の減額ができる制度です。

◆特例対象宅地が1種類の場合の限度面積、減額割合◆

種類	限度面積	減額割合
A　特定居住用宅地等	330㎡	80%
B　特定事業用宅地等及び特定同族会社事業用宅地等の場合（貸付事業用を除きます。）	400㎡	80%
C　貸付事業用宅地等の場合	200㎡	50%

◆特例対象宅地等が上記ABCのいずれか2種類以上の場合の限度面積◆

①Cがないとき	Aは330㎡まで、Bは400㎡までとなり、最大730㎡までとなります。
②Cがあるとき	$A \times \dfrac{200}{330} + B \times \dfrac{200}{400} + C \leq 200㎡$

注意事項

　これらの小規模宅地等の特例の規定の適用をする場合には、下記の点に注意を要します。

① 贈与により取得した宅地等にはこの特例の適用を受けることはできません。したがって、相続開始前7年（令和6年1月1日以後の贈与に限ります。令和5年12月31日までは3年となります。）以内の贈与又は相続時精算課税により取得した宅地等については適用できません。

② 親族以外の者が遺贈により取得した宅地等には適用できません。

③ 申告期限までに未分割の宅地等には、原則として適用できません。ただし、一定の場合には、その分割が確定した時点で適用が可能となります。

＜特例のフローチャート＞

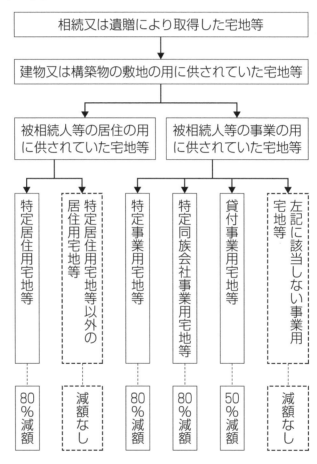

（出典：「令和3年版　Q＆A232問　相続税　小規模宅地等の特例」

松岡章夫他（大蔵財務協会）5ページ）

◆特定居住用宅地等の範囲と適用要件◆

区分	特例の適用要件	
	取得者	取得者ごとの要件
被相続人の居住の用（注1）に供されていた宅地等（注2）	被相続人の配偶者	「取得者ごとの要件」はない
	被相続人の居住の用に供されていた一棟の建物に居住していた親族（注3）	相続開始の直前から相続税の申告期限まで引き続きその建物に居住し、かつ、その宅地等を有している
	上記以外の親族	① 被相続人の配偶者がいない ② 相続開始の直前において被相続人と同居していた法定相続人がいない ③ 相続開始前3年以内に日本国内にある取得者、取得者の配偶者、取得者の三親等内の親族または取得者と特別の関係がある一定の法人が所有する家屋（相続開始の直前において被相続人の居住の用に供されていた家屋を除く。）に居住したことがない ④ 相続開始時に、取得者が居住している家屋を相続開始前のいずれの時においても所有していたことがない ⑤ 相続開始時から相続税の申告期限までその宅地等を有している ⑥ 一定の日本国籍を有していない者は除く
被相続人と生計を一にしていた被相続人の親族の居住の用に供されていた宅地等	被相続人の配偶者	「取得者ごとの要件」はない
	被相続人と生計を一にしていた親族	相続開始前から相続税の申告期限まで、引き続きその家屋に居住し、かつ、その宅地等を有している

（注1） 「被相続人の居住の用」には、被相続人の居住の用に供されていた宅地等が、養護老人ホームへの入所など被相続人が居住の用に供することができない一定の事由により相続開始の直前において被相続人の居住の用に供されていなかった場合（居住の用に供されなくなった後に、一定の用に供された場合を除きます。）におけるその事由により居住の用に供されなくなる直前の被相続人の居住の用を含みます。

（注2） 「被相続人の居住の用に供されていた宅地等」が、被相続人の居住の用に供されていた一棟の建物（区分所有登記された建物を除きます。）の敷地の用に供されていたものである場合には、その敷地の用に供されていた宅地等のうち被相続人の親族の居住の用に供されていた部分を含みます。

（注3） 「被相続人の居住の用に供されていた一棟の建物に居住していた親族」とは、次のいずれに該当するかに応じ、それぞれの部分に居住していた親族のことをいいます。

　① 被相続人の居住の用に供されていた一棟の建物が、区分所有登記された建物である場合
　　被相続人の居住の用に供されていた部分
　② ①以外の建物である場合
　　被相続人または被相続人の親族の居住の用に供されていた部分

地方に残る実家の家屋

　田舎の実家を相続して住むことがなくても、要件を満たせば小規模宅地等の特例を適用することができます。ただ、その後の誰も住まなくなった田舎に残る家屋が問題だといいます。

　子どもたちが都会に出て、老親が暮らしていた家屋、旧盆のお墓参りの時に寄るのですが、人の住まなくなった家屋は傷むものです。やがてそこに寝泊まりすることもなく、少し離れた街のビジネスホテルで一泊するようになります。

　今は都会で暮らしていても、そこは育ったところ。田んぼの畦、畑の小道、裏の里山、思い出はたくさんあるのですが、今さら子どもたちは誰も戻りません。おじいさんやおばあさんがいなくなった田舎は、孫たちも立ち寄りません。

　このような話が、何年か前によくありました。近くに多少のことをお願いできる親戚・知り合いがあればよいのですが、なまじ資産があると管理が大変です。取り壊すのにもお金がかかります。

　今や、こうした問題は「地方」に限りません。

　東京の近郊、日本の高度成長期に郊外に設けられたニュータウン、新興住宅地も急速な高齢化が進んでいます。勤めていた会社も定年になり、少しは地元のこともしようと消防団に入ると、還暦過ぎた人をつかまえて「今度、若い人が来た。」と言われるといいます。

　団地を出て、郊外に小さな家を建て、日々、押しつぶされそうな通勤電車で都心に通い、ローンも払い終えると夫婦二人の生活。

　その先にあるのは、住む人もなくなった家屋です。気がつくとお隣もお向いも、デイサービスに通うお年寄りの一人暮らし、あるいはもう施設に入られていたりします。

　自分が生きている限り使うとしても、次世代が住むことがない家屋をどうするのか、十分に考えておくべき問題です。

Q57　親の居住用不動産について、相続人の持ち家の有無で相続税額が変わる？

Q 被相続人である母は、Ｂ区に一戸建の家屋及び敷地を有しており、その他に預貯金があります（財産目録参照）。父はすでに他界しており、母はＢ区の家屋に一人住まいで、相続人は長男１人だけです。この場合、長男の支払うべき相続税額はいくらになりますか？　また、長男に持ち家があるかどうかで、相続税額は変わりますか？

◆財産目録◆

種類	相続税評価額	備考
土　地	9,900万円	被相続人所有のＢ区の居住用家屋の敷地 地積30坪（路線価100万円/㎡と仮定） 100万円×（30坪×3.3㎡）＝9,900万円
家　屋	500万円	被相続人所有のＢ区の居住用家屋 固定資産税評価額　500万円
預貯金	1,000万円	相続開始時点残高
合　計	11,400万円	

A 長男の相続税額の計算において、長男に持ち家がある場合には、小規模宅地等の特例の適用は受けることができません。原則として３年以内に持ち家がない場合は、一定の要件（Q56（147ページ）参照）の下で、特定居住用宅地等として小規模宅地等の特例の適用を受けることができます。相続税額の違いは、次のとおりです。

◆小規模宅地等の特例の適用が受けられない場合（持ち家がある場合）◆

項目	長　男
土　地	9,900万円
家　屋	500万円
預貯金	1,000万円
課税価格	11,400万円
基礎控除額	▲3,600万円
相続税額	1,640万円

◆小規模宅地等の特例の適用が受けられる場合（持ち家がない場合）◆

項　目	長　男
土　地	9,900万円
小規模宅地等の特例による減額※	▲7,920万円
家　屋	500万円
預貯金	1,000万円
課税価格	3,480万円
基礎控除額	▲3,600万円
相続税額	0円

※　9,900万円×80％＝7,920万円

Q58　老人ホームに入居等した場合や二世帯住宅の場合の特定居住用の優遇規定は？

> **Q** 父は老人ホームに入居していましたが、入居の前に住んでいた居住用不動産の評価はどうなりますか？

A 　親が老人ホームで亡くなった場合に、要件を満たせば老人ホーム入居等の前に住んでいた家屋の敷地が特定居住用宅地等に該当し、小規模宅地等の特例により、相続税の課税価額が減額できます。

老人ホームに入居等している場合の適用関係

　被相続人が下記①又は②に該当し、老人ホーム等に入居等していた場合に、その入居等するまで居住の用に供していた家屋の敷地を、相続開始の直前において被相続人の居住の用に供されていた宅地等として、小規模宅地等の特例を適用できます。ただし、その建物を事業の用（貸付けも含みます。）又は被相続人等以外の者の居住の用に供していないことが条件となります。

① 　介護保険法に規定する要介護認定又は要支援認定を受けていた被相続人が、有料老人ホーム等に入居等していたこと。

② 　障害者の日常生活及び社会生活を総合的に支援するための法律に規定する障害者支援区分の認定を受けていた被相続人が、障害者支援施設等に入居等していたこと。

> **＜具体的事例～老人ホームへの入所により空家となっていた場合～＞**
>
> 　被相続人甲は、介護保険法に規定する要介護認定を受け、居住していた建物を離れて特別養護老人ホームに入所しましたが、一度も退所することなく亡くなりました。
>
> 　甲が、特別養護老人ホームへの入所前まで居住していた建物は、相続の開始の直前まで空家となっていましたが、この建物の敷地は、特定居住用宅地等に該当しますか。

　相続の開始の直前において、被相続人の居住の用に供されていなかった宅地等であっても、上記①、②の要件を満たすときには、被相続人が特別養護老人ホーム等に入居等した後に、事業の用又は新たに被相続人又はその被相続人と生計を一にしていた

親族以外の者の居住の用に供されている場合を除き、特定居住用宅地等に該当し、特例を適用することができます。

　この場合、老人ホーム等に入居等するまで居住の用に供していた宅地等を、相続開始の直前において被相続人の居住の用に供されていた宅地等として、この特例の対象とされるだけなので、取得者が特定居住用宅地等の要件（147ページ参照）を満たす必要があります。

　したがって、被相続人と配偶者がともに老人ホーム等に入居等して、空家になった旧自宅につき、配偶者が取得する場合のほか、配偶者が既に死亡している被相続人が老人ホーム等に入居等して空家になった旧自宅につき、持家がない親族が取得する場合などに適用することができます。

　なお、被相続人が介護保険法等に規定する要介護認定等を受けていたかどうかは、その被相続人の相続の開始の直前の状況により判定します。

　したがって、老人ホーム等に入居等をする時点において要介護認定等を受けていない場合であっても、その被相続人が相続の開始の直前において要介護認定等を受けていれば、老人ホーム等に入居等をする直前まで被相続人の居住の用に供されていた建物の敷地は、相続の開始の直前においてその被相続人の居住の用に供されていた宅地等に該当することになります。

> **Q**　父母が１階に、私が２階に住んでいた二世帯住宅を相続により取得します。私は父母と生計が一とはいえませんが、何か、優遇規定がありますか？

A　親が住む二世帯住宅を取得した場合には、特定居住用宅地等の要件を満たせば、小規模宅地等の特例により、330㎡まで80％を減額できます。

二世帯住宅の取扱い

□区分所有ではない場合

　二世帯住宅が区分所有登記された建物でないときには、被相続人の親族が居住していた部分も被相続人が居住していた部分に含めますので、特例の対象となる範囲が広がります。

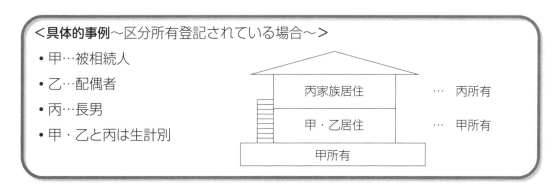

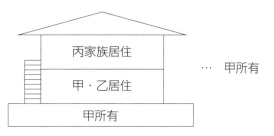

> **＜具体的事例～区分所有登記されていない場合～＞**
> - 甲…被相続人
> - 乙…配偶者
> - 丙…長男
> - 甲・乙と丙は生計別
>
> 丙家族居住
> 甲・乙居住　　…　甲所有
> 甲所有

　この土地を丙が取得したとすると、区分所有登記されていないので、甲と丙が生計を別としていても、甲が居住している１階部分だけではなく、親族である丙が居住している２階部分も特例の対象となり、敷地全体で特例を適用することができます。

　この土地を乙が取得しても、同様に敷地全体が特例の対象となります。

□区分所有である場合

　二世帯住宅が区分所有登記された建物であるときには、被相続人が居住していた部分だけが特定居住用宅地等に該当しますが、取得者により特例の要件が異なります。

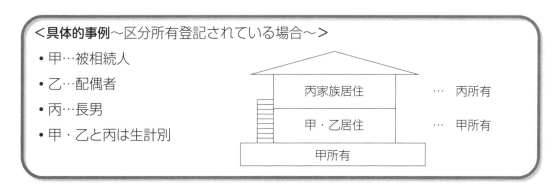

> **＜具体的事例～区分所有登記されている場合～＞**
> - 甲…被相続人
> - 乙…配偶者
> - 丙…長男
> - 甲・乙と丙は生計別
>
> 丙家族居住　　…　丙所有
> 甲・乙居住　　…　甲所有
> 甲所有

　この土地を丙が取得したとすると、区分所有登記されていて、丙は甲が居住している１階部分に居住しておらず、生計も別のため、特例の対象となる部分はありません。

　この土地を乙が取得した場合は、１階部分に対応する敷地が特例の対象となります。

Q59 亡くなった夫が所有していた建物に残された妻は一生住み続けることはできるの？（配偶者居住権）

> **Q** 私は夫の所有する土地建物に夫と2人で住んでいましたが、夫が亡くなりました。私は今後の生活のことも考え預貯金を相続し、長男に自宅の土地建物を相続してもらおうと考えていますが、私は長男が相続した家を追い出されてしまわないか心配です。何かよい方法はありませんか。

A 被相続人の配偶者は、被相続人が所有していた建物に相続開始の時に居住していた場合には、①遺産分割、②遺贈、③死因贈与、④家庭裁判所の審判のいずれかにより、その居住建物の全部について無償で使用及び収益する権利（「配偶者居住権」といいます。）を取得することができます。ただし、被相続人が居住建物を配偶者以外の人と共有していた場合は、配偶者居住権は取得できません。

配偶者居住権は、建物の価値を「所有権」と「居住権」に分けて考え、残された配偶者は所有権を持っていなくても、一定の要件の下、居住権を取得することで、被相続人が所有していた建物に引き続き住み続けられるようにするものです。

配偶者居住権の存続期間

配偶者居住権の存続期間は、原則として、配偶者が亡くなるまでの間です。

配偶者居住権は登記しないといけないの？

配偶者居住権は、要件を満たしていれば権利として発生していますが、第三者に対抗するためには登記が必要であり、居住建物の所有者は配偶者に対して配偶者居住権の登記を備えさせる義務を負っています。

配偶者居住権の設定登記は、配偶者と居住建物の所有者との共同申請となります。

配偶者居住権を設定するとその敷地の利用権も発生しますが、配偶者居住権の設定登記ができるのは建物のみで、その敷地には登記できません。

配偶者居住権のイメージ

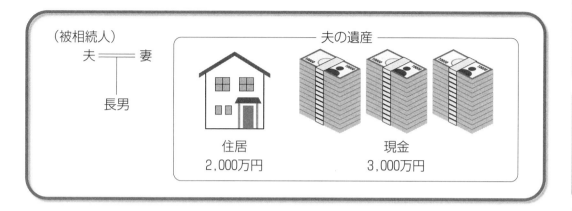

配偶者居住権を設定しないと…

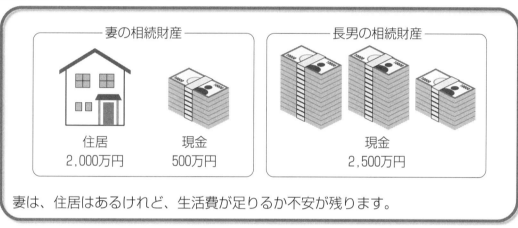

妻は、住居はあるけれど、生活費が足りるか不安が残ります。

配偶者居住権を設定すると…

妻は、今の家に住み続けながら、生活費も確保できます。

・コラム 16・・・・・・・・・・・・・・・・・・・・・・・・・・・

配偶者居住権は、こんな場合にも…

　ある女性とご主人との間（婚姻関係あり）には、お子さんがいらっしゃいませんでした。ところが、ご主人には離縁した先妻との間に息子さんが1人いらっしゃいました。女性はご主人と2人で、ご主人が相続した土地の上に建てたおうちに住んでいらっしゃいましたが、ご主人は「先祖代々からの土地はやはり自分の血を引く息子に継いでもらいたい」と常々おっしゃっているそうで、女性は「あまり仲のよくない先妻の子が、今住んでいる家を相続してしまったら、私は追い出されて路頭に迷ってしまうのではないか」と心配されていました。

　この様なケースでは、たしかにご主人の先祖代々からの土地建物を女性が相続してしまうと、女性に相続が起こった際、先妻の子には相続権がありませんので、先妻の子に土地建物を相続させたいというご主人の気持ちはよくわかります。しかし、それでは女性は今まで住み慣れた家を離れなくてはいけなくなってしまいます。そこで、ご夫婦が住んでいる建物に配偶者居住権を設定することによって、女性は亡くなるまで住み慣れた家に住み続けることができ、先祖代々の土地建物の所有権はご主人の子（先妻の子）に相続させることができます。

Q60　配偶者居住権を設定した場合の土地・建物の評価はどうなるの？

Q 夫の所有していた建物に配偶者居住権を設定しました。土地・建物を相続したのは長男です。この場合の土地・建物等の評価方法を教えてください。

A 妻が取得した配偶者居住権及び敷地利用権、長男が取得した居住建物及び居住建物の敷地の用に供される土地の評価方法は、次のとおりです。

① 配偶者居住権の価額（妻）

居住建物の相続税評価額（注） $\times$ $\left(1 - \dfrac{\text{耐用年数－経過年数－存続年数}}{\text{耐用年数－経過年数}} \times \text{存続年数に応じた法定利率による複利現価率}\right)$

(注) 居住建物の一部が賃貸の用に供されている場合または居住建物を配偶者と共有していた場合には、次の算式により計算した金額となります。

居住建物が賃貸の用に供されておらず、かつ、共有でないものとした場合の相続税評価額 $\times$ $\dfrac{\text{賃貸の用に供されている部分以外の部分の床面積}}{\text{居住建物の床面積}}$ $\times$ 被相続人が有していた持分割合

② 敷地利用権の価額（妻）

居住建物の敷地の用に供される土地の相続税評価額（注） $\times$ $\left(1 - \text{存続年数に応じた法定利率による複利現価率}\right)$

(注) 居住建物の一部が賃貸の用に供されている場合または居住建物の敷地を他の人と共有、もしくは居住建物を配偶者と共有していた場合には、次の算式により計算した金額となります。

居住建物が賃貸の用に供されておらず、かつ、土地が共有でないものとした場合の土地の相続税評価額 $\times$ $\dfrac{\text{居住建物の賃貸の用に供されている部分以外の部分の床面積}}{\text{居住建物の床面積}}$ $\times$ 被相続人が有していた居住建物の敷地の持分割合とその建物の持分割合のうちいずれか低い割合

※ この②は小規模宅地等の特例の対象になります。

③ 居住建物の価額（長男）

居住建物の相続税評価額 － 配偶者居住権の価額

したがって、①＋③＝「居住建物の相続税評価額」となります。

④　居住建物の敷地の用に供される土地の価額（長男）

居住建物の敷地の用に供される土地の相続税評価額　－　敷地利用権の価額

　したがって、②＋④＝「居住建物の敷地の用に供される土地の相続税評価額」となります。

※　長男と夫が同居していた場合には、この④は小規模宅地等の特例の対象になります。

　具体的事例を見てみましょう。

　私は75歳8か月（分割時）で、夫が所有していた築10年の木造建物に住んでいます。
　長男がその土地建物を相続し、私は終身の配偶者居住権を相続しました。
　建物の相続税評価額は2,000万円、土地の相続税評価額は8,000万円です。

① 妻が取得した配偶者居住権の価額

$$\underset{\text{(居住建物の相続税評価額)}}{2,000万円} \times \left(1 - \frac{\overset{\text{(耐用年数)}}{33年}-\overset{\text{(経過年数)}}{10年}-\overset{\text{(存続年数)}}{17年}}{\underset{\text{(耐用年数)}}{33年}-\underset{\text{(経過年数)}}{10年}} \times \overset{\text{(複利現価率)}}{0.605}\right) = \overset{\text{(配偶者居住権の価額)}}{16,843,478円}$$

耐 用 年 数：木造建物の法定耐用年数は22年ですが、住宅用のものは1.5倍したものを用います。

存 続 年 数：厚生労働省の発表する生命表に基づく平均余命から求めます。

複利現価率：国税庁のホームページで確認できる複利表から法定利率3％の複利現価率を求めます。

② 妻が取得した敷地利用権の価額

$$\underset{\text{(土地の相続税評価額)}}{8,000万円} \times (1 - \underset{\text{(複利現価率)}}{0.605}) = \underset{\text{(敷地利用権の価額)}}{31,600,000円}$$

③ 長男が取得した居住建物の価額

$$\underset{\text{(居住建物の相続税評価額)}}{2,000万円} - \underset{\text{(配偶者居住権の価額)}}{16,843,478円} = \underset{\text{(居住建物の価額)}}{3,156,522円}$$

④ 長男が取得した居住建物の敷地の用に供される土地の価額

$$\underset{\text{(土地の相続税評価額)}}{8,000万円} - \underset{\text{(敷地利用権の価額)}}{31,600,000円} = \underset{\text{(居住建物の敷地の価額)}}{48,400,000円}$$

Q61 親の土地に子供が家を建てたらどうなるの？

Q この度、父の所有している空地に、私が自分のマイホームを建てようと思っています。父には、権利金も地代も支払わないつもりですが、税務上何か問題が生じますか？

A 土地の貸し借りが行われる際、通常は、借主は地主に権利金や地代を支払います。権利金も地代も支払わずに土地の貸し借りをすることを、土地の使用貸借といいます。また、地代を支払っていたとしても、その地代が土地の固定資産税相当額以下であれば、同様に使用貸借になります。使用貸借により土地を使用する場合、その権利の価額はゼロとして取り扱われているので、贈与税が課税されることはありません。

借地権利金

権利金の支払が一般的となっている地域では、建物の所有を目的とする土地の賃貸借の契約時に、借地権の設定の対価として、権利金などの一時金を支払うのが通例です。こうした地域で、土地の賃貸借契約時に権利金の授受をしなかった場合、借主は地主から借地権相当額の贈与を受けたとものとして、借主に贈与税が課税されます。

しかし、例えば、親の土地に子供が家を建てたとき、通常は地代や権利金の支払いをしません。土地を使用貸借する際には、借地権の価額はゼロとされるので、子供が借地権相当額の贈与を受けたことにはならず、贈与税は課税されません。

使用貸借の土地を贈与や相続により取得したとき

子供が使用貸借で借りている土地を、所有者である親からの贈与や相続により取得したときは、他人に賃貸している貸宅地ではなく、自分が使っている自用地として評価することになります。

また、使用貸借で親から借りた土地の上に子供が家屋を建築し、第三者に貸している場合であっても、借家人のいる貸家建付地ではなく、自用地として評価します。

これらは、いずれも、使用貸借により土地を使用する権利の価額がゼロとして取り扱われることによるものです。

親が借りている土地に子供が家を建て替えたら

　上記の例で、父の所有している空地ではなく、父が賃借している土地を又借りして、子供が家を建て替えたら、どうなるでしょうか。

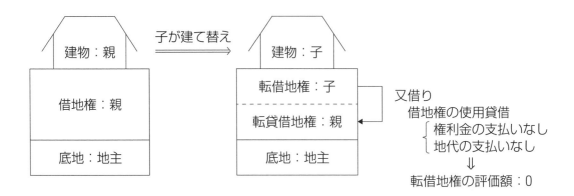

　上記の例と同じように、通例では、借地権の取引慣行がある地域では、借地人から土地を又借りして家を建て替える際、又借りをする人は借地人に権利金や地代を支払います。

　しかし、親の借地に子供が家を建て替える場合、通常は子供が親に権利金や地代を支払うことはないので、「借地権の使用貸借」となります。その場合、借地権を使用する転借地権（転借権ともいいます。）の価額もゼロとなり、子供に贈与税が課税されることはありません。

　もし、借地権の貸借が使用貸借に該当しない場合には、実態に応じて、借地権または転借権の贈与とされ、贈与税がかかる場合があります。

借地権の使用貸借に関する確認書

　借地権を使用貸借した場合には、借地権を使用する子供と借地人である親と地主の３人の連名で、すみやかに借地権を使用する子供の所轄税務署に、「借地権の使用貸借に関する確認書」を提出する必要があります。

使用貸借の借地権を贈与や相続により取得したとき

　子供が使用貸借している借地権を、借地人である親からの贈与や相続により取得したときは、この借地権の価額は、他人に賃貸している転貸借地権ではなく、自分で使っている通常の借地権として評価します。

借地権の使用貸借に関する確認書

① （借地権者）　　　　　（借受者）
_____は、_____に対し、令和___年___月___日にその借地

している下記の土地 {に建物を建築させることになりました。_____ / の上に建築されている建物を贈与（譲渡）しました。} しかし、その土

（借地権者）
地の使用関係は使用貸借によるものであり、_____の借地権者としての従前
の地位には、何ら変更はありません。

　　　　　　　　　　　　　　　　　記
土地の所在_____

地　　　積_____㎡

② 　上記①の事実に相違ありません。したがって、今後相続税等の課税に当たりましては、建
　物の所有者はこの土地について何らの権利を有さず、借地権者が借地権を有するものとして
　取り扱われることを確認します。
　　　　令和　　年　　月　　日

　　　　借 地 権 者（住所）_____（氏名）_____

　　　　建物の所有者（住所）_____（氏名）_____

③ 　上記①の事実に相違ありません。
　　　　令和　　年　　月　　日

　　　　土地の所有者（住所）_____（氏名）_____

※

　　　上記①の事実を確認した。

　　　令和　　年　　月　　日
　　　　（確認者）_____税務署　_____部門　　担当者_____

（注）　※印欄は記入しないでください。

Q62　相続した不動産について相続登記をしなかったらどうなるの？

> **Q**　相続した不動産について、相続登記をしなかったらどうなりますか？　何か罰則があるのでしょうか？

A　不動産登記法が改正され、令和6年4月1日から相続登記の申請が義務化されます。そのため今後は、正当な理由なく原則、相続開始日から3年以内に、相続登記申請をしないと罰則があります。

3年以内に相続登記をしなければならない

　不動産を取得した相続人に対し、その取得を知った日（原則的には相続開始日）から3年以内に相続登記の申請をすることが義務付けられました。

　遺産分割協議が成立した場合には、相続開始日から3年以内に遺産分割協議を踏まえた相続登記申請が行われればこれで足りる形となります。一方で相続開始から3年以内に遺産分割協議が成立しない場合等においては、相続開始から3年以内に「相続人申告登記の申出」を行う必要があります。

相続人申告登記とは

　相続人申告登記とは、相続開始から3年以内に遺産分割協議が成立しない場合において、申請義務を簡易的に履行できる新たな制度で、「所有権の登記名義人について相続が開始した旨」と「自らがその相続人である旨」を申請義務の履行期間内（相続開始日から3年以内）に登記官に対して申し出ることです。これにより相続登記の申請義務を履行したものとみなされます。なお、相続人申告登記後に遺産分割協議が成立した場合には、その成立の日から3年以内に相続登記の申請を行わなければなりません。

経過措置について

　これらの申請義務化は施行日である令和6年4月1日前に相続が発生していたケースについても課されることとなります。この場合、原則的には施行日から3年間が相続登記の申請義務に係る履行期間となります。

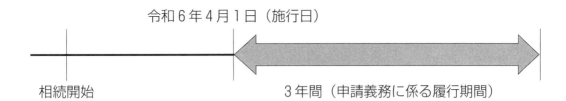

令和6年4月1日（施行日）

相続開始　　　　　　　　　　　　　　　　　3年間（申請義務に係る履行期間）

罰則について

　正当な理由がないにも関わらずその申請を怠ったときは、10万円以下の過料に処されます。

　正当な理由とは、次の1～5に掲げる場合が該当します。

> 1　数次相続（被相続人の遺産分割及び相続登記が未了の状態で、相続人の相続が発生すること）が発生して相続人が極めて多数に上り、かつ、戸籍関係書類等の収集や他の相続人の把握等に多くの時間を要する場合
> 2　遺言の有効性や遺産の範囲等が争われているために不動産の帰属主体が明らかにならない場合
> 3　相続登記の申請義務を負う者自身に重病等の事情がある場合
> 4　相続登記の申請義務を負う者がDV被害者等であり、その生命・身体に危害が及ぶおそれがある状態にあって避難を余儀なくされている場合
> 5　相続登記の申請義務を負う者が経済的に困窮しているために登記に要する費用を負担する能力がない場合

（出典：法務省「相続登記の申請義務化の施行に向けたマスタープラン」5頁より）

入門者編

相続紛争編

自宅の相続編（Q62）

事業承継編

付録

Q63 相続した財産の中に手放したい土地があったらどうすればいいの？

> **Q** 父から引き継いだ財産の中に、管理が大変なため手放したい土地があります。この土地のみ手放す方法はありますか？ 相続の放棄をすればよいのでしょうか？

A 相続人が取得した土地を手放して、国庫に帰属させることができる制度（相続土地国庫帰属制度）があります。この制度に代えて、相続の放棄をすると、管理負担の大きな土地だけでなく、他の財産すべてを相続（承継）することができなくなるので、ご注意ください。

制度創設の背景

土地を相続したものの、管理負担が大きいため手放したいと考える方が増えています。そこで、相続人がその土地を放置すると、全国に所有者不明土地が増大することが想定されます。これらを防止するため、令和5年4月27日から相続土地国庫帰属制度が始まりました。同様に、相続登記義務化（Q62）も、所有者不明土地の発生を防止する観点から令和6年4月1日から導入されます。

制度の概要

相続土地国庫帰属制度を利用するには、相続又は遺贈（相続人に対する遺贈に限る）により土地を取得した者が、その土地の所在する法務局の本局に承認申請をする必要があります。申請を受けた法務局は実地調査等を行い、要件を満たしているか否かを審査し、承認又は却下をします。

承認された場合、申請者が10年分の土地管理費相当額の負担金を納付した時点で、その土地の所有権が国に移転します。なお、所有権移転登記は国がします。

申請受付後法務局の審査完了まで、およそ半年から1年程度の期間を要します。

なお、令和5年4月26日以前に相続した土地も申請が可能です。

制度の対象外となる土地

(1)及び(2)に掲げる土地については、国庫に帰属させることができません。

(1) 申請をすることができないケース（却下事由）

① 建物の存する土地

② 担保権又は使用及び収益を目的とする権利が設定されている土地

③ 通路その他の他人による使用が予定される土地等

④ 特定有害物質により汚染されている土地

⑤ 境界が明らかでない土地、その他の所有権の存否、帰属又は範囲について争いがある土地

(2) 承認を受けることができないケース（不承認事由）

① 崖がある土地のうち、通常の管理に過分の費用又は労力を要するもの

② 土地の通常の管理又は処分を阻害する工作物、車両又は樹木その他の有体物が地上に存する土地

③ 除去しなければ土地の通常の管理又は処分をすることができない有体物が地下に存する土地

④ 隣接する土地の所有者その他の者との争訟によらなければ通常の管理又は処分をすることができない土地として一定のもの

⑤ ①～④のほか、通常の管理又は処分をするに当たり過分の費用又は労力を要する土地として一定のもの

手数料及び負担金等

　相続土地国庫帰属の承認申請をする際には、14,000円の審査手数料が必要です。納付は、申請書に手数料相当額の収入印紙を貼って納付します。なお、審査手数料の納付後は、申請を取り下げた場合や、審査の結果、却下・不承認となった場合でも、返還されません。

　法務局から帰属の承認がされた場合、申請者は、通知に記載されている負担金額を期限内（負担金の通知が到達した翌日から30日以内）に納付する必要があります。負担金は、国有地の種目ごとにその管理に要する10年分の標準的な費用の額を考慮したもので、原則として一律20万円となっています。

　例外として森林、一部の都市計画法の市街化区域又は用途地域が指定されている地域内等の土地及び農地については、面積区分に応じて負担金が算定されることとなります。なお、法務省ホームページ（https://www.moj.go.jp/MINJI/minji05_00471.html）に、負担金の自動計算シートが掲載されています。

事業承継編

入門者編

相続紛争編

自宅の相続編

事業承継編

付　録

Q64　亡くなった親が事業を行っていた場合の手続は？

> **Q**　個人で小売業を営んでいた父が亡くなりました。父の事業に係る所得税の確定申告はいつまでにすればよいですか？　また、税金に関する手続についても教えてください。

A　確定申告書を提出する義務のある人が死亡した場合には、その相続人は次のそれぞれの場合に応じて、相続開始があったことを知った日（通常は亡くなった日。以下同じです。）の翌日から4か月以内に、所得税の準確定申告書を被相続人の納税地の税務署に提出しなければなりません。

なお、被相続人が消費税の課税事業者である場合には、所得税の準確定申告書と合わせて、消費税の準確定申告書も提出しなければなりません。

準確定申告書の提出期限

□年の中途で死亡した場合

確定申告をしなければならない人が、その年の中途で死亡した場合には、死亡した人のその年の1月1日から死亡の日までの所得税について、その相続人は亡くなった日の翌日から4か月以内に、準確定申告書を提出しなければなりません。

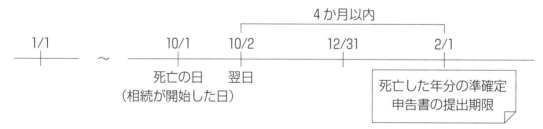

□確定申告期限前に死亡した場合

その年分の確定申告をしなければならない人が、翌年1月1日から3月15日までの間に、確定申告書を提出しないで死亡した場合には、その相続人は亡くなった日の翌日から4か月以内に、準確定申告書を提出しなければなりません。

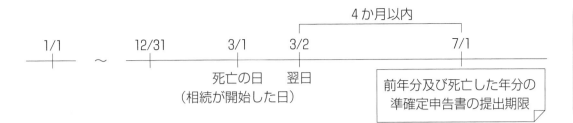

準確定申告における所得控除の適用

□医療費控除

　医療費控除の対象となるのは、死亡の日までに支払った医療費です。したがって、死亡後に支払ったものを、被相続人の準確定申告において医療費控除に含めることはできません。

□社会保険料控除、生命保険料控除、地震保険料控除等

　控除の対象となるのは、死亡の日までに支払った保険料等の額です。

□配偶者控除や扶養控除等の適用の有無に関する判定

　親族関係やその親族等の１年間の合計所得金額の見積り等は、死亡の日の現況により行います。なお、配偶者控除額、配偶者特別控除額および扶養控除額は月割計算等をしません。

被相続人の事業税の取扱い

相続税法上の取扱い	被相続人の事業税は、相続税において債務控除されます。	
所得税法上の取扱い	相続人が事業を承継する場合	事業税の賦課決定時に、相続人の事業の必要経費に算入します。
	上記以外の場合	事業税の賦課決定時に、準確定申告の更正の請求等をします。
	準確定申告において事業税の見込額を計上する場合	被相続人に課されるべき事業税を見込み計算して、準確定申告において必要経費に算入することができます。

被相続人の業務用資産にかかる固定資産税の取扱い

相続税法上の取扱い	固定資産税は、賦課期日（その年の1月1日）に納税義務が確定しますので、納期が未到来であっても、相続税において債務控除されます。
所得税法上の取扱い	いつ、固定資産税の納税通知があったかにより、以下のとおり取扱いが異なります。 〈相続開始前に納税通知があった場合〉 　次のいずれかを選択できます。 　①全額を準確定申告の必要経費に算入します。 　②納期が到来している分を準確定申告の必要経費に算入します。 　③実際に納付した分を準確定申告の必要経費に算入します。 〈相続開始後に納税通知があった場合〉 　準確定申告の必要経費には算入できません。

被相続人の所得税及び消費税に関する届出事項など

所得税	個人事業の廃業届出書	相続開始から1か月以内に、被相続人の納税地の所轄税務署長に提出します。
	給与支払事務所等の廃止の届出書	
	予定納税に関する事項	予定納税の納税義務は、その年の6月30日を経過するときに成立します。したがって、予定納税の納税義務が成立する前に死亡した場合には、予定納税の通知書が送付されてきても納税義務は生じません。
消費税	個人事業者の死亡届出書	被相続人が消費税の課税事業者又はインボイス発行事業者である場合には、速やかに被相続人の納税地の所轄税務署長に提出をします。
	適格請求書発行事業者の死亡届出書(※)	

※　被相続人のインボイス発行事業者の登録は、「適格請求書発行事業者の死亡届出書」の提出日の翌日、又は、相続があった日の翌日から4か月を経過した日、のいずれか早い日に効力が失われます。

Q65　亡くなった親の事業を引き継いだ場合の手続は？

> **Q** 　個人で小売業を営んでいた父が亡くなりましたが、私が父の事業を引き継ぐことになりました。この場合、税務署にすべき手続について教えてください。

A 　相続人が被相続人の事業を承継する場合、事業を承継した相続人の納税地等の所轄税務署へ提出する主な届出書等として、下記の書類があります。

　ただし、相続人がすでに自ら事業を行っている場合等一定の場合には、届出は必要ありません。

　また、税務署以外にも、都道府県税事務所、年金事務所、労働基準監督署等への届出が必要な書類等がありますので、各行政機関にご確認ください。

所得税
□個人事業の開廃業届出書

　被相続人の事業を引き継いだ日（相続の開始があったことを知った日。通常は、被相続人が死亡した日。）から、1か月以内に提出します。

□所得税の青色申告承認申請書

　青色申告者である被相続人の業務を承継した相続人が、所得税の青色申告を選択する場合、下記の提出期限までに、青色申告承認申請書を提出する必要があります。

相続が開始した日	提出期限
1月1日～8月31日	死亡した日の翌日から4か月以内
9月1日～10月31日	その年の12月31日
11月1日～12月31日	翌年2月15日

□青色事業専従者給与に関する届出書

　被相続人の青色事業専従者を引き継いで、青色事業専従者給与を支払う等一定の場合、相続開始や専従者がいることとなった日から2か月以内に提出します。

□所得税の棚卸資産の評価方法・減価償却資産の償却方法の届出書

棚卸資産の評価方法及び減価償却資産の償却方法を選定する場合、その年分の確定申告書の提出期限までに提出します。

源泉所得税

□給与支払事務所等の開設・移転・廃止届出書

被相続人の事業を引き継いで給与等の支払を行う事務所等を開設した場合、被相続人の事業を引き継いだ日から1か月以内に提出します。なお、「個人事業の開廃業等届出書」を提出する場合、この書類を提出する必要はありません。

□源泉所得税の納期の特例の承認に関する申請書

給与の支給人員が常時10人未満である給与等の支払者が、給与等から源泉徴収した所得税の納期について、年2回にまとめて納付する特例の適用を受ける場合、随時提出します。申請書を提出した月の翌月末までに通知がなければ、申請の翌々月の納付分から適用されます。

消費税

□消費税課税事業者届出書

免税事業者である相続人が、被相続人の事業の全部または一部を承継し、被相続人の相続があった年の基準期間の承継した事業の課税売上高が1,000万円を超えると、相続があった日の翌日からその年の12月31日までの間の相続人の納税義務は免除されません。

また、相続があった年の翌年または翌々年の消費税の納税義務の有無は、それぞれの基準期間における被相続人から承継した事業の課税売上高と相続人の課税売上高との合計額が1,000万円を超えるかどうかで判定します。

いずれの場合も、課税事業者となった際には、速やかに提出する必要があります。

□被相続人が提出した下記の選択届出書等の効力は、相続により被相続人の事業を承継した相続人には及びません。相続人が、これらの規定の適用を受けるときは、新たにこれらの届出書を提出しなければなりません。

●消費税課税事業者選択届出書

免税事業者である相続人が課税事業者になることを選択しようとする場合、その適用を受けようとする課税期間中に提出します。

●消費税簡易課税制度選択届出書

　簡易課税制度を選択しようとする場合、その適用を受けようとする課税期間中に提出します。

□適格請求書（インボイス）発行事業者登録申請書

●みなし措置

　消費税の免税事業者である相続人が、インボイス発行事業者である被相続人の事業を承継しても、インボイス発行事業者の地位は引き継がれません。そうすると、相続人が登録を受けるまでの間インボイスの発行ができないので、引き継いだ事業に支障をきたす恐れが生じます。そこで、次のみなし措置期間中は、相続人をインボイス発行事業者とみなし、被相続人の登録番号を相続人の登録番号とみなす制度が設けられています。

　なお、相続人は、上記の消費税の納税義務の判定に関わらず、みなし措置期間中は課税事業者として消費税の確定申告をする必要があります。

●みなし措置期間

　インボイスのみなし措置期間とは、次の①と②のうちいずれか早い日までの期間をいいます。

　　①　その相続に係るインボイス発行事業者が死亡した日の翌日から４か月を経過する日

　　②　その事業を承継した相続人がインボイス発行事業者の登録を受けた日の前日

　事業を承継した相続人は、被相続人の死亡後４か月以内にインボイスの登録申請をしないと、その翌日からはインボイスの発行ができなくなります。

Q66　アパートの敷地の評価はどのようにするの？

> **Q**　アパートの敷地は通常の土地の評価と同じですか？　それとも評価が下がるのですか？

A　借家人のいるアパートの敷地の評価は、借主側に一定の権利が発生するため、自宅や自分で事業を行っている場合の敷地の評価と比較して下がります。

アパートの評価

宅 地 …… **貸家建付地**の評価となります。

　　　　　　貸家建付地の評価額＝自用地評価額×（1－借地権割合（※1）×借家権割合（※2）×賃貸割合）

　　（※1）借地権割合は、その地域に応じて30～90％の割合に設定されています。
　　　　　　（都内の住宅地区はほとんどの地域が50～70％となっています。）
　　（※2）借家権割合は、現在は全国一律30％に設定されています。

（例）　$\underset{\text{自用地評価額}}{7,500万円} × （1 - \underset{\text{借地権割合}}{0.7} × \underset{\text{借家権割合}}{0.3}) = \underset{\text{評価額}}{5,925万円}$

貸 家 …… 固定資産税評価額×（1－借家権割合×賃貸割合）

　資産を組み替えて、手持金で更地にアパートを建築した場合の評価額は次のとおりです。アパートを建築した場合、相続税の課税価格は低くなります。

＜自己所有の土地に手持金5,000万円でアパートを建築した場合＞

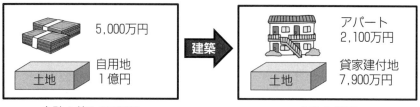

　　　　　　　5,000万円

　　　　　　　自用地
　土地　　　　1億円
　　合計1億5,000万円

建築 →

　　　　　　　アパート
　　　　　　　2,100万円

　　　　　　　貸家建付地
　土地　　　　7,900万円
　　合計1億円

貸家の評価

5,000万円×0.6（固定資産税評価概算）×（1－0.3）＝2,100万円

貸家建付地の評価

　　　　1億円×（1－0.7×0.3）＝7,900万円
　土地　借地権割合が70％の場合

Q 個人の土地の上に同族会社名義の建物を建てたらどうなりますか？

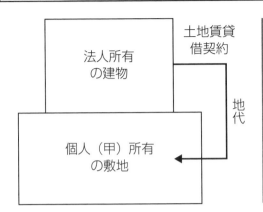

個人（甲）が所有する土地の上に法人（甲の同族会社）が建物を建て法人の事業の用に供した場合に、土地につき権利金の支払いをせず、かつ、固定資産税の2～3倍ほどの地代を払う旨の土地賃貸借契約がされた場合

A 　権利金の支払いもなく、かつ、相当地代の支払いもない場合は、土地賃貸借契約時に法人に借地権が生じたものとして、法人に借地権相当額の受贈益課税が発生します。ただし、土地賃貸借契約書に無償返還条項があり、かつ、税務署に「土地の無償返還に関する届出書」が提出されている場合は、借地権相当額の課税を回避することができます。

□土地の無償返還に関する届出書

　借地権の設定等により法人に土地を使用させた場合で、その借地権の設定等に係る契約書において借地人がその土地を無償で返還することが定められている場合の手続で、この届出書が提出された場合には権利金の認定課税は行われないこととなります。

□相続税評価額に与える影響

　土地の無償返還に関する届出書が提出されている賃貸借契約の場合

　甲の宅地（貸宅地）評価額：自用地評価額×80/100

　なお、甲が同族会社の株式を所有する場合、その株式の評価上、「自用地評価額×20/100」を純資産価額に算入します。

土地の無償返還に関する届出書

※ 整理事項	1 土地所有者	整理簿	
		番　号	
	2 借地人等	確　認	

2.通提出（添付書類含む）

受付印

令和　　年　　月　　日

国税局長　　殿

　土地所有者＿＿＿＿＿＿＿は、〔借地権の設定等〕により下記の土地を令和　　年　　月　　日から＿＿＿＿＿＿に使用させることとしましたが、その契約に基づき将来借地人等から無償で土地の返還を受けることになっていますので、その旨を届け出ます。

　なお、下記の土地の所有又は使用に関する権利等に変動が生じた場合には、速やかにその旨を届け出ることとします。

記

土地の表示

　所　在　地＿＿＿＿＿＿＿＿＿＿＿＿＿＿＿＿＿＿＿

　地目及び面積＿＿＿＿＿＿＿＿＿＿＿　＿＿＿＿＿＿㎡

	（土地所有者）	（借地人等）
住所又は所在地	〒　　　　電話（　　　）　－	〒　　　　電話（　　　）　－
氏名又は名称		
代表者氏名		

	（土地所有者が連結申告法人の場合）	（借地人等が連結申告法人の場合）
連結親法人の納税地	〒　　　　電話（　　　）　－	〒　　　　電話（　　　）　－
連結親法人名等		
連結親法人等の代表者氏名		

	借地人等と土地所有者との関係	借地人等又はその連結親法人の所轄税務署又は所轄国税局
	＿＿＿＿＿	＿＿＿＿＿

02.12 改正

（契約の概要等）

1　契　約　の　種　類 _____

2　土地の使用目的 _____

3　契　約　期　間　令和　　年　　月　～　令和　　年　　月

4　建　物　等　の　状　況

（1）　種　　　　　類 _____

（2）　構　造　及　び　用　途 _____

（3）　建　築　面　積　等 _____

5　土　地　の　価　額　等

（1）　土　地　の　価　額 _____円　（財産評価額_____円）

（2）　地　代　の　年　額 _____円

6　特　　約　　事　　項 _____

_____

7　土地の形状及び使用状況等を示す略図

┌────────────────────────────┐
│   │
│   │
│   │
│   │
│   │
│   │
└────────────────────────────┘

8　添　付　書　類　　（1）契約書の写し　（2）_____

Q67　事業用建物・賃貸アパートの敷地の評価は低くなるの？

Q　事業用建物や賃貸アパートの敷地の評価について、優遇規定があると聞きましたが、本当ですか？

A　被相続人の所有する事業用宅地・不動産貸付事業用宅地について、一定の要件を満たす場合には、宅地の評価額から特定事業用宅地等及び特定同族会社事業用宅地等については80%減額（限度面積400㎡）、貸付事業用宅地については50%減額（限度面積200㎡）の適用を受けることができます。この特例を「小規模宅地等の特例」といいます。詳しくはQ56（145ページ）を参照ください。

◆特定事業用宅地等の範囲と適用要件◆

区分		特例の適用要件
被相続人の事業の用に供されていた宅地等	事業承継要件	その宅地等の上で営まれていた被相続人の事業を相続税の申告期限までに承継し、かつ、その申告期限までその事業を営んでいること
	保有継続要件	その宅地等を相続税の申告期限まで有していること
被相続人と生計を一にしていた被相続人の親族の事業の用に供されていた宅地等	事業継続要件	相続開始の直前から相続税の申告期限まで、その宅地等の上で事業を営んでいること
	保有継続要件	その宅地等を相続税の申告期限まで有していること

※　事業には貸付事業を除きます。

※　貸付事業とは、不動産貸付業、駐車場業、自転車駐車場業及び準事業をいいます。

※　準事業とは、事業と称するに至らない不動産の貸付け又はこれに類する行為で、相当の対価を得て継続的に行うものをいいます。

※　相続開始前３年以内に新たに事業の用に供された宅地等（一定のものを除く）を除きます。

◆特定同族会社事業用宅地等の範囲と適用要件◆

区分	特例の適用要件	
特定同族会社（※1）の事業の用に供されていた宅地等	法人役員要件	相続税の申告期限においてその法人の役員（※2）であること
	保有継続要件	その宅地等を相続税の申告期限まで有していること
	事業継続要件	相続税の申告期限まで引き続きその法人の事業（※3）の用に供されていること

（※1）　特定同族会社とは、相続開始の直前において被相続人及びその親族等がその法人の発行済株式の総数又は出資の総額の50%超を有している法人（相続税の申告期限において清算中の法人を除きます。）をいいます。

（※2）　法人税法第2条第15号に規定する役員（清算人を除きます。）をいいます。

（※3）　不動産貸付業、駐車場業、自転車駐車場業および準事業を除きます。

◆貸付事業用宅地等の範囲と適用要件◆

区分	特例の適用要件	
被相続人の貸付事業の用に供されていた宅地等	事業承継要件	その宅地等に係る被相続人の貸付事業を相続税の申告期限までに承継し、かつ、その申告期限までその貸付事業を行っていること
	保有継続要件	その宅地等を相続税の申告期限まで有していること
被相続人と生計を一にしていた被相続人の親族の貸付事業の用に供されていた宅地等	事業継続要件	相続開始前から相続税の申告期限まで、その宅地等に係る貸付事業を行っていること
	保有継続要件	その宅地等を相続税の申告期限まで有していること

※　相続開始前3年以内に新たに貸付事業の用供された宅地等（一定のものを除く）を除きます。

Q68　借金をすると相続税が少なくなるの？

> **Q**　借金をすると相続税が少なくなるというのは本当ですか？　借金は相続税の計算上、マイナスできますか？

A　借金をするだけでは、相続税が少なくなることはありません。借金をしてアパート等を購入する場合（手許の預金で購入する場合も同じです。）に、次の図解のとおり相続税の課税財産が少なくなります。また、借金は相続税の計算上、債務控除として他の財産からマイナスできます。

具体例

10億円の資産を有する方が、借金をした場合の相続税の推移を見てみましょう。

① 現状

資産：10億円

② 銀行から物件購入のための借入れを3億円おこす。

資産：10億円	
預金：3億円	借入金：3億円

預金　3億円／借入金　3億円
純資産は13億円－3億円＝10億円（現時点では何の対策にもなっていません。）

③ 預金3億円で不動産（建物1億円、土地2億円）を購入した場合。不動産の時価は当然3億円です。

資産：10億円	
建物：時価1億円　土地：時価2億円	借入金：3億円

土地・建物　3億円／預金　3億円

④ 相続税評価額はどうなるか？
不動産の相続税評価額は、購入価額の3億円ではありません。
土地については、路線価方式などによります（Q52、53（134～139ページ）参

照）が、評価の安全性という考え方から公示価格等の80%を目途としています。
　建物については、固定資産税評価額によります（Q54（140ページ）参照）が、実際の購入金額の6割程度となり、貸家の場合（Q66（174ページ）参照）はさらに減額されます。

土　地：2億円×0.8（安全性）×0.82（貸家建付地評価、借地権割合60%の場合）＝131,200千円

建　物：1億円×0.6（固定資産税評価額）×0.7（貸家評価）＝42,000千円

合　計：173,200千円

資産：10億円	｝課税対象	
土地・建物相続税評価173,200千円	借入金：3億円	

　土地・建物：173,200千円／借入金：3億円（借入れ直後に相続が開始した場合）

⑤　相続税はどうなるか？
　相続税の課税価格：10億円＋173,200千円－3億円＝873,200千円
　仮に相続税の税率が50%とすると、相続税が63,400千円減ります。

コラム 17

不動産業者がマンション購入をすすめる理由

　将来の相続税の負担を減らす方法として、マンション購入をすすめる不動産業者がいます。

　相続税対策にならないわけではありません。そのからくりは、次のとおりです。

　例えば、当面使う予定のない現金預金が5,000万円あるとします。これをそのまま持っていれば、5,000万円が相続財産として相続税の対象となります。

　この5,000万円でマンションを購入したとします。相続税の計算では、マンションも一軒家と同じように、土地の部分と建物の部分に分けて考えます。建物は固定資産税の評価額が相続税の評価額になります。固定資産税評価額は、実際の建築コストよりも抑えられる傾向があります。加えてマンション敷地は区分所有者の共有となっており、面積に換算するととても少なくなります。5,000万円の新築マンションの相続税評価額が2,000万円ということも十分にあり得ます。

　マンションの相続税評価については、市場価格との乖離がある実態を踏まえ評価の適正化が検討された結果、評価方法が見直される予定です（Q55（142ページ）参照）。しかしながら、見直し後の評価額が理論的な市場価格の60%に抑えられているため、依然としてマンション購入による相続税負担軽減の効果はある程度維持されることとなります。

　このように資産内容を組み替えることで、相続税評価額を引き下げることはできます。問題は相続したあと、このマンションをいくらで売れるかということです。日本列島の人口が減っていく時代、住宅の価格が上がっていくことは考えにくいと思われます。新築であっても次に売りに出すときは中古マンションです。また何年も先であれば、その間の維持管理費もかかります。相続税の課税価格が3,000万円下がったとしても、税率20%であれば600万円の軽減効果です。処分するとき600万円以上値下がりしていれば、結局、何の得にもなりません。

Q69　建物の建築中に相続が発生したらどうなるの？

Q 父は所有する土地の上にアパートを建築中ですが、父の病状が思わしくありません。

建築中に相続が発生した場合、建物の評価はどうなりますか？

A 建築途中の家屋の価額は、その家屋の費用現価の70％相当額で評価します。

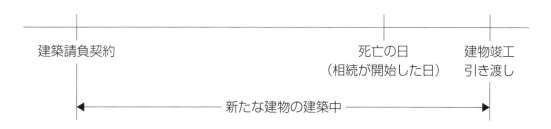

□費用現価の額とは

　課税時期（相続の場合は被相続人の死亡の日、贈与の場合は贈与により財産を取得した日）までに、建物に投下された建築費用の額を課税時期の価額に引き直した額の合計額をいいます。

　具体的には、建築請負業者に課税時期時点での工事の進捗割合を確認し、証明書や報告書を発行してもらうと分かります。

　請負金額に、進捗割合を掛けると、費用現価の額を計算できます。

□支払った建築代金との関係

　建物の建築請負契約によっては、建築代金を着手金、中間金、残金等に分けて支払うケースがあります。このとき、支払済みの額が費用現価の額を上回る場合には、「前渡金」として相続財産に含めます。逆に、支払済みの額が費用現価の額を下回る場合には、「未払金」として債務控除します。

〈具体例〉

　請負金額：9,000万円、課税時期の工事進捗割合：60％、

　代金の支払方法：着手金、中間金、残金共に3,000万円ずつ支払

　家屋の評価額　9,000万円×60％＝5,400万円

ケース①　課税時期までに着手金のみを支払っていた場合

　3,000万円－9,000万円×60％＝△2,400万円→「未払金」として債務控除

ケース②　課税時期までに中間金まで支払っていた場合

　（3,000万円＋3,000万円）－9,000万円×60％＝600万円→「前渡金」として相続財産
に計上

□**引渡し後に相続が開始し、固定資産税評価額が付されている場合**

　新築後の家屋は、新たに付された固定資産税評価額により評価します。

□**増改築等の場合で、引渡し後に固定資産税評価額が付されていない場合**

　家屋の増改築等に応じた固定資産税評価額が付されていない場合の家屋の評価額は、
増改築等以外の部分の固定資産税評価額に、その増改築等部分の価額として以下のい
ずれかの価額を加算した価額をもって評価します。

課税時期から相続税の申告期限までの間に			加算する増改築等部分の価額
増改築部分に固定資産税評価額が付されたか	付された		増改築部分の固定資産税評価額
	付されていない	状況の類似した付近の家屋があるか	ある	状況の類似した付近の家屋の固定資産税評価額を基として、その付近の家屋との構造、経過年数、用途等の差を考慮して評定した価額
		ない	（増改築等の部分の再建築価額－課税時期までの償却費相当額）×70％

コラム 18

親名義の建物に子供が増改築したら

　親名義の建物に子供が増改築した場合、増改築部分が建物と切り離せないため、親の所有物となります。この場合、親が子供に増改築代金を支払わないと、子供から親へ増改築資金相当額を贈与したものと取り扱われます。

　ただし、子供が支払った増改築資金に応じて、建物の持分を親から子供へ移転させて共有とすれば、贈与税は課税されません。

　同様に、増改築する建物が共有名義の場合にも、建物の所有割合に応じて費用を負担しないと、負担割合と異なる部分の金額が贈与と取り扱われます。

Q70　個人の事業用資産を相続したら？

> **Q**　個人の事業用資産に係る相続税の納税猶予及び免除制度について教えてください。

A　青色申告に係る個人事業（不動産貸付事業等を除きます。）を行っていた事業者の後継者である相続人が、令和10年12月31日までに相続又は遺贈により、一定の要件を満たす特定事業資産等を取得し、事業を継続していく場合には、特定事業資産に対応する相続税額の納税が猶予され、一定の事由に該当すると猶予税額の納税が免除されます。

特定事業用資産の主な要件

特定事業用資産とは、贈与者又は被相続人である先代事業者の事業の用に供されていた次の資産で、贈与又は相続等の日の属する年の前年分の事業所得に係る青色申告書の貸借対照表に計上されていたものをいいます。

● 宅地等（400㎡まで）

● 建物（床面積800㎡まで）

● 上記の建物以外の減価償却資産で次のもの

　・固定資産税の課税対象とされているもの

　・自動車税・軽自動車税の営業用の標準税率が適用される車両

　・一定の貨物運送用及び乗用自動車、果樹等の生物、特許権等の無形固定資産

事業承継の流れ

● 「個人事業承継計画」を策定し、令和６年３月31日までに都道府県知事に提出すること

● 相続の開始の日の翌日から８か月以内に経営承継円滑化法に基づく都道府県知事に申請し、「認定」を受けること

● 事業承継後、一定の期限までに税務署に開業届出書を提出するとともに青色申告の承認を受ける（見込みを含みます。）こと

● 納税猶予適用後は、３年に一度、税務署に継続届出書を提出すること

後継者である相続人等の主な要件

● 円滑化法の認定を受けていること

● 相続開始の直前において特定事業用資産に係る事業（同種・類似の事業等を含みます。）に従事していたこと（先代事業者等が60歳未満で死亡した場合を除きます。）

● 相続税の申告期限において開業届出書を提出し、青色申告の承認を受けていること（見込みを含みます。）

● 先代事業者等から相続等により財産を取得した者が、特定事業用宅地等について小規模宅地等の特例の適用を受けていないこと

先代事業者等である被相続人の主な要件

● 被相続人が先代事業者である場合…相続開始の日の属する年、その前年及びその前々年の確定申告書を青色申告書により提出していること

● 被相続人が先代事業者以外の場合…次のいずれかに該当すること

・先代事業者の相続開始又は贈与の直前において、先代事業者と生計を一にする親族であること

・先代事業者からの贈与又は相続開始の日から１年経過する日までの相続に係る被相続人であること

猶予税額が免除される主なケース

● 後継者が死亡した場合

● 特定申告期限の翌日から５年を経過する日後に、特例事業用資産（この制度の適用を受ける特定事業用資産をいいます。）の全てについて「免除対象贈与」を行った場合

● 事業を継続することができなくなったことについて、やむを得ない一定の理由がある場合

● 事業の継続が困難な一定の事由が生じた場合において、特例事業用資産の全ての譲渡・事業の廃止をしたとき

納税猶予が適用できなくなる主なケース

● 事業を廃止した場合

● 特例事業用資産に係る事業について、その年のその事業に係る事業所得の総収入金額がゼロとなった場合

● 青色申告の承認が取り消された場合、青色申告の承認の申請が却下された場合

● 一定の場合を除き、特例事業用資産が事業の用に供されなくなった場合（事業の用に供されなくなった部分に対応する相続税と利子税を併せて納付する必要があります。）

Q71　個人の事業用資産の贈与を受けたら？

Q 個人の事業用資産に係る贈与税の納税猶予及び免除制度について教えてください。

A 青色申告に係る個人事業（不動産貸付事業等を除きます。）を行っていた事業者の後継者である受贈者が、令和10年12月31日までに贈与により、一定の要件を満たす特定事業資産等を取得し、事業を継続していく場合には、特定事業資産に対応する贈与税額の納税が猶予され、一定の事由に該当すると猶予税額の納税が免除されます。

特定事業用資産の主な要件

「Q70　個人の事業用資産を相続したら？」の要件と同じです。

事業承継の流れ

● 「個人事業承継計画」を策定し、令和6年3月31日までに都道府県知事に提出すること

● 贈与を受けた翌年の1月15日までに、経営承継円滑化法に基づく都道府県知事に申請し、「認定」を受けること

● 事業承継後、一定の期限までに税務署に開業届出書を提出するとともに青色申告の承認を受ける（見込みを含みます。）こと

● 納税猶予適用後は、3年に一度、税務署に継続届出書を提出すること

後継者である受贈者の主な要件

● 贈与の日において、18歳以上であること

● 贈与の日まで引き続き3年以上、特定事業用資産に係る事業（同種・類似の事業等を含みます。）に従事していたこと

● 贈与税の申告期限において開業届出書を提出し、青色申告の承認を受けていること（見込みを含みます。）

先代事業者等である贈与者の主な要件

● 贈与者が先代事業者である場合

・廃業届出書を提出していること又は贈与税の申告期限までに提出する見込みであること

・贈与の日の属する年、その前年及びその前々年の確定申告書を、青色申告書により提出していること

● 贈与者が先代事業者以外の場合

・先代事業者の贈与又は相続開始の直前において、先代事業者と生計を一にする親族であること

・先代事業者からの贈与又は相続開始の日から1年経過する日までの間に特定事業用資産の贈与をしていること

猶予税額が免除される主なケース

● 先代事業者等（贈与者）が死亡した場合

● 後継者（受贈者）が死亡した場合

● 特定申告期限の翌日から5年を経過する日後に、特例受贈事業用資産（この制度の適用を受ける特定事業用資産をいいます。）の全てについて「免除対象贈与」をした場合

● 事業を継続することができなくなったことについて、やむを得ない一定の理由がある場合

● 事業の継続が困難な一定の事由が生じた場合において、特例受贈事業用資産の全ての譲渡・事業の廃止をしたとき

納税猶予が適用できなくなる主なケース

● 事業を廃止した場合

● 特例受贈事業用資産に係る事業について、その年のその事業に係る事業所得の総収入金額がゼロとなった場合

● 青色申告の承認が取り消された場合

● 一定の場合を除き、特例事業用資産が事業の用に供されなくなった場合（事業の用に供されなくなった部分に対応する贈与税と利子税を併せて納付する必要があります。）

先代事業者等（贈与者）が死亡した場合

　この規定の適用を受けた特例受贈事業用資産は、相続等により取得したものとみなして、贈与時の価額で他の相続財産と合算され、相続税が課税されます。なお、その際、都道府県知事の「円滑化法の確認」を受け、一定の要件を満たす場合には、その特例受贈事業用資産について、相続税の納税猶予及び免除の適用を受けることができます。

入門者編

相続紛争編

自宅の相続編

事業承継編
(Q71)

付

録

Q72 父が会社を経営していたらどうなるの？

> **Q** 父は会社を経営していますが、相続の対象となる財産はどのようなものですか？

A 経営している会社の株式、会社への貸付金、未収入金などが相続財産となり、会社からの借入金などが相続財産から控除する債務となります。

◆財産◆

財産の種類	確認書類	備考
会社の株式 （非上場株式）	株主名簿、 法人税申告書別表2	株主名簿、法人税申告書別表2で所有株式数の確認ができます。
会社への 貸付金	勘定科目内訳書（法人税申告書添付資料）、総勘定元帳など	会社は被相続人からの借入金となります。
会社からの 未収入金	勘定科目内訳書（法人税申告書添付資料）、総勘定元帳など	会社は被相続人への未払金となります。給与の未払いや経費精算の未払い等があります。
会社からの 死亡退職金	役員退職金規定など	被相続人の死亡後3年以内に支給額が確定すると相続税の課税対象となります。

◆債務◆

債務の種類	確認書類	備考
会社からの 借入金	勘定科目内訳書（法人税申告書添付資料）、総勘定元帳など	会社は被相続人への貸付金となります。
会社への 未払金	勘定科目内訳書（法人税申告書添付資料）、総勘定元帳など	会社は被相続人からの未収入金となります。

貸付金・未収入金の評価方法

□原則的評価方法

課税時期（被相続人が死亡した日）における元本の価額　＋　課税時期現在の既経過利息として支払いを受けるべき金額

□回収不能の場合

貸付金債権等の評価を行う場合に、課税時期において債務者が次に掲げる事由に該当する等、その回収が不可能又は著しく困難であると見込まれるときは、回収不能価額等を除いて評価します。

● 手形交換所（これに準ずる機関を含みます。）において取引停止処分を受けたとき

● 会社更生手続の開始の決定があったとき

● 民事再生法の規定による再生手続開始の決定があったとき

● 会社法の規定による特別清算の開始命令があったとき

● 破産法の規定による破産の宣告があったとき

● 重大な損失を受け事業を廃止又は6か月以上休業しているとき

コラム 19

除外合意及び固定合意

オーナー経営者が自社株式を後継者に集中させたいが、遺留分の問題があるためうまく集中できない場合があります。特に相続人が複数いる場合は、後継者に株式を集中させることで他の相続人の遺留分を侵害する可能性が高まります。このような承継問題を解決するための方法として、経営承継円滑化法に「遺留分に関する民法の特例」が規定されています。

この特例の適用を受ける場合、オーナー経営者の推定相続人全員の合意が必要となりますが、この規定により、贈与等された自社株式を遺留分の計算の基礎から除外（除外合意）又は合意時の価額で固定（固定合意）することができます。除外合意の場合は、自社株式について他の相続人は遺留分侵害額の請求をすることができず、固定合意の場合は、自社株式が後継者の努力により上昇した場合でも、上昇分については遺留分侵害額請求の対象とはならず、安定した経営が実現できます。手続としては、合意をした日から1か月以内に、民法特例に係る確認申請書を経済産業大臣に提出し、その後、「確認書」の交付を受けた後継者が、確認を受けた日から1か月以内に家庭裁判所に申立てし許可を受けることとなります。

Q73 株式の評価はどのようにするの？

> **Q** 父から相続により上場会社の株式を取得しました。これらの株式の評価方法について教えてください。

A 上場されている株式は、死亡した日の株価と死亡日の属する月以前の３か月の毎日の株価の最終価格の月平均額のうち、最も低い価格で評価します。

株式の評価の区分

株式の評価は大別すると次の３つの区分になります。

上場株式	気配相場等のある株式	取引相場のない株式

評価単位

評価単位は、それぞれの銘柄の異なるごとに、１株単位で評価します。

□上場株式の評価

上場株式の評価については、その株式が上場されている金融商品取引所が公表する次の価格のうち、最も低い価額で評価します。

課税時期の最終価格
課税時期の属する月の毎日の最終価格の平均額
課税時期の属する月の前月の毎日の最終価格の平均額
課税時期の属する月の前々月の毎日の最終価格の平均額

□気配相場等のある株式

気配相場等のある株式とは、日本証券業協会の登録銘柄や店頭管理銘柄そして公開途上にある株式をいいます。登録銘柄や店頭管理銘柄の株式の評価は、上場株式とほぼ同じように評価します。公開途上にある株式の評価は、その株式の公開価格などに

よって評価します。

<イメージ図>

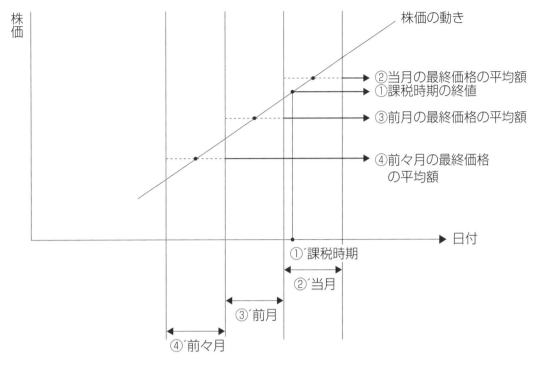

□**相続税・贈与税の評価額**

①から④のうち最も低い価額となります。

<イメージ図>の場合、④の価額が評価額となります。

負担付贈与又は個人間の対価を伴う取引のときの評価

負担付贈与又は個人間の対価を伴う取引により取得した上場株式の価額は、その株式が上場されている金融商品取引所の公表する課税時期の終値だけで評価し、贈与財産の価額となります。

その贈与財産の価額から負担額を控除した額が、贈与税の課税価格です。

□**負担付贈与又は個人間の対価を伴う取引のときの評価額**

<イメージ図>の場合、①が贈与財産の価額となります。

ゴルフ会員権の評価

ゴルフが趣味！そんな人もたくさんいると思います。

バブル全盛期には数千万円から１億円を超えていたゴルフ会員権が、最近では数百万円から１千万円程度になっています。バブル期に購入したゴルフ会員権が値下がりしてしまって手放せなかったり、趣味のゴルフで使うからなど、様々な理由で被相続人がゴルフ会員権を持っていることがあります。

ゴルフ会員権に経済的な価値があれば、相続税の課税対象となります。ゴルフ会員権の評価は、その会員権の取引相場があるか否か、また、会員権の加入形態などに応じて、評価方法が異なります。

遺産として一般的な「取引相場のある会員権」の評価額は、課税時期（被相続人が死亡した日）における、通常の取引価格の70％相当額となります。なお、取引価格に含まれない預託金等があるときは、一定の方法により計算した預託金額を加算した金額が評価額となります。

取引価格は、インターネットで検索すれば簡単に調べることができます。ただし、あまり人気がなくて取引価格が載っていないときは、ゴルフクラブやゴルフ会員権取引業者に直接問い合わせてみて下さい。

取引相場のないゴルフ会員権の評価については、税理士にお尋ねください。

また、株式の所有を必要とせず、かつ、譲渡できない会員権で、返還を受けることができる預託金等がなく、ゴルフ場施設を利用して単にプレーができるだけのものは評価しません。

Q74 非上場株式の評価はどのようにするの？

Q 父から相続により非上場の同族会社の株式を取得した場合の株式の評価方法について教えてください。

A 非上場の同族会社の株式（取引相場のない株式）については、会社の規模と株主の区分に応じて評価することになります。

□取引相場のない株式の評価

取引相場のない株式の評価上の主なポイントは、次のとおりです。

● その株式を取得する人に応じて、原則的評価方式となるか例外的評価方式となるかの判定

● 会社の規模の判定

● 特定の評価会社に該当するかどうかの判定

取引相場のない株式の評価方法については、その評価対象となる発行会社の規模に応じて、大会社、中会社、小会社に区分して評価します。また、その株式を取得する人の取得後の株式保有割合により、原則的評価方式と特例的な評価方式（配当還元方式）のいずれを適用するかが決まります。

原則的評価方式	大会社	類似業種比準方式
	中会社	類似業種比準方式と純資産価額方式との併用方式
	小会社	純資産価額方式
特例的評価方式	大・中・小会社	配当還元方式

※ 一般的には、支配権のある株主の株式については原則的評価方式により、少数株主など会社支配権のない株主の株式については特例的評価方式により、評価することになります。

※ 特定の評価会社とは、その会社の総資産に占める株式あるいは土地の価額の保有割合が、一定以上の場合に該当する「株式保有特定会社」、「土地保有特定会社」などがあります。特定の評価会社の評価は、原則として純資産価額方式となります。

＜評価方法＞

【同族株主のいる会社】

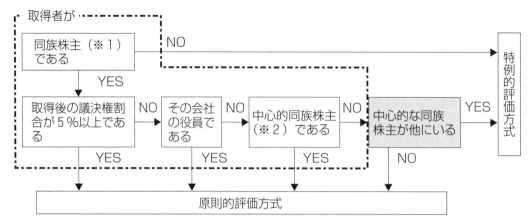

（※１）　同族株主とは、株主の１人及びその同族関係者の有する議決権の合計数が議決権総数の30％以上（50％超※）である場合における、その株主及び同族関係者をいいます。
　　　　※　50％超の株主グループがいる場合はそのグループのみが同族株主となります。

（※２）　中心的同族株主とは、同族株主のいる会社の株主で、同族株主の１人並びにその株主の配偶者、直系血族、兄弟姉妹及び１親等の姻族（一定の会社を含みます。）の有する議決権の合計数が議決権総数の25％以上である場合における、その株主をいいます。

【同族株主のいない会社】

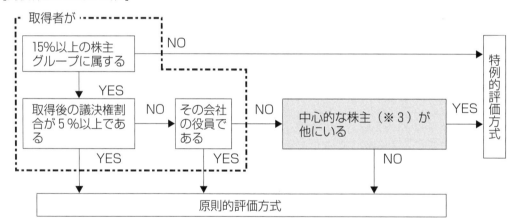

（※３）　中心的な株主とは、同族株主のいない会社の株主で、株主の１人及びその同族関係者の有する議決権の合計数が議決権総数の15％以上である株主グループのうち、いずれかのグループに単独で議決権総数の10％以上の株式を所有している株主がいる場合における、その株主をいいます。

Q75　同族会社の株式を相続した場合の優遇規定は？

Q 非上場株式等に係る相続税の納税猶予及び免除制度について、内容を教えてください。

A 経営を承継する人が、相続又は遺贈により、一定の要件を満たす非上場会社の議決権株式等を取得した場合には、納付すべき相続税額のうち、相続開始前から既に保有していた議決権株式等を含めて、発行済議決権株式等の総数等の2/3に達するまでの部分について、その株式の課税価格の80%に対応する相続税額についてはその納税が猶予され、後継者の死亡等により、納税が猶予されている相続税の納付が免除されるものです。なお、平成30年1月1日から令和9年12月31日までの相続または遺贈については、特例措置が設けられています。特例措置を適用すると、発行済議決権株式等の総数等のすべてについて、その株式の課税価格の100%に対応する相続税額の納税が猶予されます。適用対象となる後継者は、一般措置については原則として対象会社1社につき1人ですが、特例措置については対象会社1社につき3人までとなっています。

非上場株式等に係る相続税の納税猶予及び免除制度についての主な要件は、①承継会社、②被相続人、③承継人ごとに以下のとおりです。

承継会社の主な要件
- 当該会社及びその特定特別関係会社が、中小企業者に該当すること
- 常時使用する従業員の数が1人以上であること
- 資産保有型会社又は資産運用型会社に該当しないこと
- 当該会社及びその特定特別関係会社の株式等が、非上場株式等に該当すること
- 当該会社及びその特定特別関係会社が、風俗営業会社に該当しないこと
- 直前の事業年度における総収入金額がゼロを超えること
- 特例措置においては特例円滑化法認定を受けた会社に該当すること

なお特例措置を適用する場合、承継会社は「特例承継計画」を策定し、認定経営革新等支援機関（税理士、商工会、商工会議所等）の所見を記載の上、令和6年3月31日までに都道府県知事に提出する必要があります。

被相続人の主な要件

● 当該会社の代表権（制限が加えられたものを除きます。）を有していた個人であること

● その相続開始の直前（相続開始の直前において代表権を有していないときは、代表権を有していた期間内のいずれかの時及び相続開始の直前）において、その同族関係者と合わせて当該会社の総株主等議決権数の100分の50を超える議決権の数を有し、かつ、当該被相続人が有する議決権の数が当該同族関係者（承継人を除きます。）の中で筆頭株主である者であること

承継人の主な要件

● 相続開始直前において役員であったこと（被相続人が70歳未満で死亡した場合等を除く。）

● 相続開始から５か月を経過する日に当該会社の代表権を有していること

● 相続開始時に当該承継人の同族関係者と合わせて会社の総株主議決権数の50％を超える議決権の数を有すること

● 相続開始時に当該承継人の同族関係者（他の後継者を除く。）の中で最も多くの議決権数を保有することとなること（一般措置、特例措置で後継者が１人の場合）

● 相続開始時に総議決権数の10％以上の議決権数を保有し、かつ、当該承継人の同族関係者（他の後継者を除く。）の中で最も多くの議決権数を保有することとなること（特例措置で後継者が２人または３人の場合）

● 相続開始の日から相続税の申告書の提出期限まで当該株式をすべて保有すること

● 特例措置の適用を受ける場合には、当該会社の非上場株式等について一般措置の適用を受けていないこと、一般措置の適用を受ける場合には、当該会社の非上場株式等について特例措置の適用を受けていないこと

納税猶予が適用できなくなる主なケース

下記のケースなどには、納税猶予額の全部又は一部を利子税とともに納付しなければなりません。

経営承継期間・特例経営承継期間（原則的に相続税申告期限の翌日から5年を経過する日まで）	やむをえない場合を除き、承継人が代表権を有しなくなった場合
	申告期限後5年間の平均で常時使用従業員の数が相続開始時における従業員数の80％未満となった場合（一般措置のみ）
	承継人の同族関係者と合わせて有する議決権数が50％以下となった場合
	承継人が、同族関係者内で筆頭株主でなくなった場合
	承継人が、当該株式を譲渡・贈与した場合
経営承継期間・特例経営承継期間経過後	承継人が、当該株式を譲渡・贈与した場合のその部分
	当該会社が資産保有型会社又は資産運用型会社に該当した場合

納税猶予が免除される主なケース

納税猶予税額は、①承継人が死亡した場合、②経営承継期間・特例経営承継期間経過後に贈与税の納税猶予及び免除制度（Q76（202ページ））を適用して、贈与した場合などには、免除されます。

特例措置と一般措置の主な違い

	特例措置	一般措置
事前の計画策定等	特例承継計画の提出 （平成30年4月1日から 令和6年3月31日まで）	不要
適用期限	次の期間の贈与・相続等 （平成30年1月1日から 令和9年12月31日まで）	なし
対象株数	全株式	総株式数の最大3分の2まで
納税猶予割合	100％	贈与：100％　相続：80％
承継パターン	複数の株主から 最大3人の後継者	複数の株主から1人の後継者
雇用確保要件	一般措置を弾力化した扱いあり	承継後5年間 平均8割の雇用維持が必要
事業の継続が困難な事由が生じた場合の免除	あり	なし
相続時精算課税の適用	60歳以上の者から18歳以上の者への贈与	60歳以上の者から18歳以上の推定相続人（直系卑属）・孫への贈与

（出典：国税庁「非上場株式等についての贈与税・相続税の納税猶予・免除のあらまし」）

Q76 事業承継のために同族会社の株式を贈与された場合の優遇規定は？

> **Q** 非上場株式等に係る贈与税の納税猶予及び免除制度について、内容を教えてください。

A 経営を承継する人が、贈与により、一定の要件を満たす非上場会社の議決権株式等を取得した場合には、贈与前から既に保有していた議決権株式等を含めて、発行済議決権株式等の総数等の2/3に達するまでの部分について、その贈与税額の全額が猶予され、後継者の死亡等により、納税が猶予されている相続税の納付が免除されるものです。なお、平成30年1月1日から令和9年12月31日までの贈与については、特例措置が設けられています。特例措置を適用すると、発行済議決権株式等の総数等のすべてについて、その株式の課税価格の100%に対応する贈与税額の納税が猶予されます。

非上場株式等に係る贈与税の納税猶予制度についての主な要件は、①承継会社、②贈与者、③承継人ごとに以下のとおりです。

承継会社の主な要件
相続税と同じです（Q75（199ページ）参照）。

贈与者の主な要件
● 当該会社の代表権（制限が加えられたものを除きます。）を有していた個人であること
● その贈与の直前において、その同族関係者と合わせて当該会社の総議決権数の100分の50を超える議決権の数を有し、かつ、承継人を除き議決権の数が当該同族関係者の中で筆頭株主であること
● 贈与時までに当該会社の代表権を有していないこと
● 既に特例措置の適用に係る贈与をしていないこと（承継人が2人または3人のときに同一年中に贈与が行われた場合を除きます。）

承継人の主な要件

● 贈与の時において18歳以上であること

● 贈与時に当該会社の代表権を有していること

● 贈与時において、当該承継人の同族関係者と合わせて会社の総株主議決権数の50％を超える議決権の数を有すること

● 贈与時において、当該承継人の同族関係者（他の後継者を除く。）の中で最も多くの議決権数を保有することとなること（一般措置、特例措置で後継者が１人の場合）

● 贈与時において、総議決権数の10％以上の議決権数を保有し、かつ、当該承継人の同族関係者（他の後継者を除く。）の中で最も多くの議決権数を保有することとなること（特例措置で後継者が２人または３人の場合）

● 承継人が贈与の日まで引き続き３年以上役員であること

● 贈与の日から贈与税の申告書の提出期限まで当該株式をすべて保有すること

● 特例措置の適用を受ける場合には、当該会社の非上場株式等について一般措置の適用を受けていないこと、一般措置の適用を受ける場合には、当該会社の非上場株式等について特例措置の適用を受けていないこと

納税猶予が適用できなくなる主なケース

納税猶予税額の全部又は一部を利子税とともに納付しなければならないケースは、ほぼ相続税と同じです（Q75（199ページ）参照）。

ただし、贈与時に納税猶予とともに相続時精算課税を選択することにより、認定取消の贈与税額の計算を相続時精算課税によることもできます。

納税猶予が免除される主なケース

納税猶予税額は、①承継人が贈与者より先に死亡した場合、②贈与者が死亡した場合などには、免除されます。

贈与者が死亡した場合の相続税の課税の特例

非上場株式等についての贈与税の納税猶予及び免除制度の適用を受けた受贈者の贈与者が死亡した場合には、この贈与者の相続税において、この制度の対象とした非上場株式を相続により取得したものとみなして相続税の計算を行うことになります。

その際、相続税の課税価格の計算の基礎に算入するときの非上場株式の価額は、この株式を贈与により取得した時の価額を基礎として計算します。また、要件を満たせば相続税の納税猶予及び免除制度の適用を受けることもできます。

Q77　医療法人の事業承継税制とは？

> **Q**　父は「持分あり医療法人」を経営している医師ですが、相続の際に父の持分について相続税の猶予制度は受けられますか？

A　医療法人が相続税の申告期限において認定医療法人に該当する場合、移行計画の期間満了まで持分にかかる相続税額の納税が猶予されます。さらに、その期間内に「持分なし医療法人」に移行し、相続人が持分のすべてを放棄した場合には、猶予されていた相続税額の納税が免除されます。

　ただし、医療法人の持分についての相続税の税額控除の適用を受ける場合は、この特例の適用を受けることはできません。

　また、認定医療法人の出資者が持分を放棄することで、他の出資者にみなし贈与が発生し贈与税が課税される場合でも、贈与税額の納税が猶予されます。さらに、移行計画の期間内に出資者が持分のすべてを放棄した場合には、猶予されていた贈与税額の納税が免除されます。

　なお、移行完了後6年間の運営状況の報告期間中に認定を取り消された場合には、その医療法人を個人とみなして、免除された贈与税額の納税義務が生じます。

認定医療法人とは
　「持分なし医療法人」への移行計画について、移行計画の認定制度実施期間内に、厚生労働大臣の認定を受けた医療法人をいいます。

「持分なし医療法人」への移行の流れ
- 厚生労働省に、移行計画の認定制度実施期間内に、移行計画の申請をする
- 厚生労働省から、移行計画の認定を受ける
- 認定の日から5年以内に、持分なし医療法人へ移行する
- 厚生労働省に、移行完了した年の翌年3月15日から6年間、毎年持分なし医療法人の運営状況を報告する

被相続人の要件
　医療法人の持分を有していた人であること

相続人等の要件

被相続人から、相続又は遺贈により、医療法人の持分を取得した人であること

医療法人の持分の要件

相続税の申告期限において、認定医療法人の持分（遺産分割されているものに限ります。）であって、相続税の期限内申告書にこの特例の適用を受ける旨を記載したものであること

猶予税額が免除されるケース

● 認定医療法人の持分のすべてを放棄した場合…納税猶予税額の全額
● 認定医療法人の基金拠出型医療法人への移行に伴い、持分の一部を放棄し、その残余の部分をその基金として拠出したとき…納税猶予税額から基金拠出額に対応する金額（納税する必要があります。）を控除した残額

納税猶予が適用できなくなる主なケース

● 相続税の申告期限から認定移行期限までの間に、認定医療法人の持分について、出資額に応じた払戻しを受けた場合又は譲渡をした場合
● 認定移行期限までに、新医療法人への移行をしなかった場合
● 厚生労働大臣から認定移行計画の認定が取り消された場合
● 合併消滅を除き、認定医療法人が解散をした場合
● 一定の場合を除き、認定医療法人が合併により消滅をした場合

コラム 21

「持分なし医療法人」への移行

　医療法人とは、複数の人が集まって、金銭や不動産、医療用機械などの財産を拠出し、設立された病院や診療所をいいます。平成19年3月31日までは、拠出時に「持分」を持つことができる「持分あり医療法人」の設立が可能でした。

　「持分あり医療法人」の設立から長期間経過すると、その間の利益の蓄積が膨らみ、出資金（持分）の評価額が高騰します。出資者が亡くなると相続税の対象となりますが、高額な出資持分の払戻額により高い相続税の負担を強いられるほか、払い戻しをする医療法人の運営にも影響を及ぼします。

　また、高額な相続税の負担を避けるために、事前に出資持分を放棄すると、残った他の出資者に贈与税が課税されます。だからといって、すべての出資者が持分を放棄すると、医療法人に贈与税が課税されます。いずれにしても、相続税及び贈与税の課税問題が付きまといます。

　そこで、非営利性と医業の永続性を確保できる「持分なし医療法人」への移行を促すために、出資者に対する相続税の猶予・免除制度及び出資者間のみなし贈与税の猶予・免除制度が設けられました。

Q78　農地等を相続したら？

 農地等の相続税の納税猶予及び免除制度について教えてください。

A 農業を営んでいた被相続人等から、一定の農地等を相続や遺贈によって取得し、引き続き農業を営んでいる場合又は特定貸付け等を行っている場合に限り、相続税額の納税が猶予されます。また、納税が猶予された相続税額は、農業相続人が死亡した場合など一定の場合には、納税が免除されます。

猶予されるのは、取得した農地等の価額のうち、農業投資価格を超える部分に対応する相続税額です。農業投資価格とは、農業に使用されることを前提にした売買価格として国税局が定めた価格のことで、通常の宅地評価額よりも低くなっています。

特例の対象となる農地等の要件

● 被相続人の農業の用に供されていた農地、採草放牧地及び準農地であること
● 被相続人が特定貸付け又は都市農地の貸付けを行っていた農地又は採草放牧地であること
● 相続税の申告期限までに遺産分割されたものであること
● 都市営農農地を除き、特定市街化区域農地等に該当しないこと
● 相続時精算課税に係る贈与によって取得した農地等でないこと

被相続人の主な要件

● 死亡の日まで農業を営んでいた人
● 農地等の生前一括贈与をした人
（死亡の日まで受贈者が贈与税の納税猶予等の適用を受けていた場合に限ります。）
● 死亡の日まで相続税の納税猶予の適用を受けていた農業相続人等で、営農困難時貸付けをし、税務署長に届出をした人
● 死亡の日まで特定貸付け等を行っていた人

農業相続人の主な要件

次のいずれかに該当することについて、農業委員会の適格者証明を受けた人。

● 相続税の申告期限までに農業経営を開始し、その後も引き続き農業経営を行うと認められる人
● 農地等の贈与に係る贈与税の納税猶予の適用を受けていた受贈者で、相続税の申告期限において特定貸付け又は認定都市農地貸付け等をしていた人

特定貸付けの特例

相続税の納税猶予の適用を受けている人が、賃借権等の設定による特定貸付けを行った場合には、その設定はなかったものと、また、農業経営は廃止していないものとみなされ、引き続き納税猶予が継続されます。なお、特定貸付の対象農地は、市街化区域外にある農地に限られ、市街化区域内にある生産緑地等は対象となりません。

都市農地の貸付けの特例

相続税の税猶予の適用を受けている人が、一定の生産緑地地区内の農地の全部又は一部について、認定都市農地貸付け又は農園用地貸付けを行ったときは、引き続き納税猶予が継続されます。

納税猶予期間中の継続届出

納税猶予期間中は相続税の申告期限から3年目ごとに、引き続きこの特例の適用を受ける旨及び特例農地等に係る農業経営に関する事項等を記載した届出書を提出する必要があります。

納税猶予が適用できなくなる主なケース

次の事由に該当することとなった場合には、その農地等納税猶予相続税額の全部又は一部を利子税とともに納付しなければなりません。

● 特例農地等に係る農業経営を廃止した場合
● 譲渡等をした農地等の面積が、特例農地等の面積の20%を超えることとなった場合
● 3年ごとの納税猶予の継続届出書の提出がなかった場合

納税猶予相続税額が免除される主なケース

● 農業相続人が死亡した場合

● 特定貸付けを行っていない農業相続人が、特例農地等の全部又は一部を、農地等の贈与税の納税猶予及び免除の特例の適用となる生前一括贈与をした場合

● 都市営農農地等を有しない農業相続人が、相続税の申告書の提出期限から20年間農業経営を継続した場合

※ 三大都市圏の特定市の市街化区域農地及びそれ以外の生産緑地地区内の農地については、終身営農した場合に限り、免除されます。

Q79 農地等の贈与を受けるためには？

> **Q** 農地等の贈与税の納税猶予及び免除制度について教えてください。

A 農業を営んでいる人が、農地の全部並びに採草放牧地及び準農地のそれぞれ2/3以上を、推定相続人の1人に贈与したときは、その贈与を受けた農地等について、その贈与を受けた人（「受贈者」といいます。）が農業を営んでいる限り、受贈者に課税される贈与税の納税が猶予されます。

この農地等納税猶予税額は、受贈者または贈与者のいずれかが死亡した場合には、その納税が免除されます。

特例の対象となる農地等の要件

農地等について、都市営農農地を除き特定市街化区域農地等に該当しないこと、相続時精算課税に係る贈与によって取得した農地等でないこと等の要件があります。

なお、この規定の適用を受けるには、贈与者の農業の用に供している農地の全部と採草放牧地及び準農地のそれぞれ2/3以上について、一括で贈与を受ける必要があります。

贈与者の要件

贈与した日まで3年以上引き続いて農業を営んでいた個人で、次のいずれにも該当する個人であること

● 贈与した日の属する年（「対象年」といいます。）の前年以前において、推定相続人に対し、相続時精算課税の適用を受ける農地等を贈与していないこと

● 対象年において、今回の贈与以外に農地等を贈与していないこと

● 過去に農地等の贈与税の納税猶予の適用を受けて、農地等の生前一括贈与をしていないこと

受贈者の要件

贈与者の推定相続人のうちの1人で、次に掲げる要件のすべてに該当するものとして、農業委員会の適格者証明を受けた個人であること

● 贈与の日において、18歳以上であること

- 贈与の日まで引き続き3年以上、農業に従事していたこと
- 贈与を受けた後、速やかにその農地及び採草放牧地で農業経営を行うこと
- 農林水産大臣が定める効率的かつ安定的な基準を満たす農業経営を行っていること

納税猶予期間中の継続届出

　納税猶予期間中は、贈与税の申告期限から3年目ごとに、引き続きこの特例の適用を受ける旨及び特例農地等に係る農業経営に関する事項等を記載した「贈与税の納税猶予届出書」を提出する必要があります。

相続税の納税猶予との関係

　農地等について、贈与税の納税猶予の適用を受ける場合には、受贈者の経営していた農業を推定相続人の内の1人である受贈者が継続する必要があります。その贈与者が死亡した場合、その農地等はみなし相続財産となるので相続税の課税対象になりますが、他の共同相続人との遺産分割の対象からは除かれます。また、一定要件を満たす場合には、相続税の納税猶予（「Q78　農地等を相続したら？」）の適用を受けることができます。

　納税猶予の対象農地について、贈与税の納税猶予では贈与者の農業の用に供している農地の全部と採草放牧地及び準農地のそれぞれ2/3以上のすべてが対象となりますが、相続税の納税猶予では農業相続人が適用対象となる農地を選択することができます。

納税猶予が適用できなくなる主なケース

　次の事由に該当すると、その農地等納税猶予贈与税額の全部又は一部を、利子税とともに納付する必要があります。

- 特例農地等に係る農業経営を廃止した場合
- 譲渡等をした農地等の面積が、特例農地等の面積の20%を超えることとなった場合
- 3年ごとの納税猶予の継続届出書の提出がなかった場合

納税猶予贈与税額が免除されるケース

- 受贈者又は贈与者のいずれかが死亡した場合

Q80 山林を相続したら？

Q 山林の相続税の納税猶予及び免除制度について教えてください。

A 特定森林経営計画が定められている区域内に存する山林（立木又は土地をいいます。）を有していた一定の被相続人から相続又は遺贈により特例施業対象山林の取得をした一定の相続人（「林業経営相続人」といいます。）が、自ら山林の経営を行う場合には、その林業経営相続人が納付すべき相続税のうち、特例山林に係る課税価格の80％に対応する相続税の納税が猶予されます。また、林業経営相続人が死亡した場合、納税が猶予されている相続税の納付が免除されます。

被相続人の要件

被相続人は、次のいずれにも該当する人であること。

● 特定森林経営計画が定められている区域内に存する山林であって作業路網の整備を行う部分の面積の合計が100ha以上である山林を所有している人

● 特定森林経営計画の達成のために必要な機械その他の設備を利用できることなどについて、その死亡の前に農林水産大臣の確認を受けていた人

● 特定森林経営計画に従って、当初認定起算日から死亡の直前まで継続して山林の経営を適正かつ確実に行ってきた者として、農林水産大臣の確認を受けてきた人

林業経営相続人の要件

被相続人から相続又は遺贈により、その被相続人がその相続開始の直前に有していたすべての山林を取得した個人であって、次のいずれにも該当する人であること

● 相続開始の直前において、被相続人の推定相続人である人

● 相続開始の時から申告期限まで引き続き、相続又は遺贈により取得した山林のすべてを有し、かつ、特定森林経営計画に従ってその経営を行っている人

● 特定森林経営計画に従って、山林のすべての経営を適正かつ確実に行うものと認められる要件として、租税特別措置法施行規則第23条の8の6第8項に規定する要件を満たしている人

特例山林の要件

　林業経営相続人が自ら経営を行うものであって、次のいずれにも該当するものであり、相続税の期限内申告書にこの特例の適用を受ける旨を記載したものであること。

● 　特定森林経営計画において、作業路網の整備を行う山林として記載されている山林であること

● 　都市計画法第7条第1項に規定する市街化区域内に所在する山林でないこと

● 　立木にあっては、相続開始の日から立木が標準伐期齢に達する日までの期間が、林業経営相続人の相続開始の時における平均余命（厚生労働省が作成する完全生命表に掲げる年齢および性別に応じた平均余命をいいます。）と30年のうち、いずれか短い期間を超える場合における立木であること

手続

□相続税の申告手続

　相続税の申告書を期限内に提出するとともに、山林納税猶予税額及び利子税の額に見合う担保（特例山林でなくても差し支えありません。）を提供する必要があります。

□納税猶予期間中の手続

　この特例の適用を受けている林業経営相続人は、山林納税猶予税額が免除されるまで又は納税猶予税額の全部について納税の猶予が打ち切られるまでの間、原則として、施業整備期間㊟中は当初認定起算日から1年ごとに、施業整備期間経過後から猶予中相続税額の全部につき納税猶予の期限が確定するまでの期間は3年を経過するごとに、引き続いてこの特例を受ける旨及び特例山林の経営に関する事項を記載した届出書を提出しなければなりません。

　㊟　施業整備期間とは、当初認定起算日からその当初認定起算日以後10年を経過する日までの間に、この特例の適用に係る被相続人について相続が開始した場合で、その相続の開始の日の翌日からその10年を経過する日又はその相続に係る林業経営相続人の死亡の日のいずれか早い日までの期間をいいます。

納税猶予相続税額が免除されるケース

　猶予を受けた林業経営相続人が死亡した場合

（死亡した日から6か月以内に、一定の書類を税務署に提出する必要があります。）

納税猶予が継続されるケース

　林業経営相続人が、障害・疾病等により特例山林の経営が困難となった場合に、その特例山林の全部の経営をその林業経営相続人の推定相続人で一定の者に経営委託したときは、特例山林の経営は廃止していないものとみなされます。

（経営委託した日から2か月以内に、その旨の届出書を税務署に提出する必要があります。）

納税猶予が適用できなくなるケース

　猶予を受けた相続人が死亡するまでに、特例山林について山林経営の廃止、譲渡、転用などの一定の事由等が生じた場合には、山林納税猶予税額の全部又は一部を利子税と併せて納付する必要があります。

付　　録

付録1　財産目録　記載例

□氏名　　　　　　　　財産目録（　　　年　　　月　　　日現在）

財産の種類	評価方法	目安	評価額（概算）
土　地	路線価方式又は倍率方式	時価の約8割	万円
小規模宅地減額	特定居住用宅地等	評価額の8割	▲　万円
家　屋	固定資産税評価額	建築価額の6割	万円
預貯金	残高証明書の額	通帳の残高	万円
上場株式	当日の終値か当月を含む過去3月の終値の平均値のうち最低のもの	相続時点における売却額	万円
自社株式	類似業種比準価額と純資産価額法		万円
保険事故未発生の生命保険契約（被相続人が保険料負担しているもの）	解約返戻金の金額	支払保険料相当額	万円
ゴルフ会員権		時価の7割	万円
死亡退職金	受取退職金 － （500万円×法定相続人の数）		万円
死亡保険金	受取保険金 － （500万円×法定相続人の数）		万円
その他の財産	相続時に換金した場合の価額		万円
7年以内贈与財産（※）又は相続時精算課税制度適用分	贈与時点の価格		万円
△借入金等	残高証明書の額	未返済残高	▲　万円
△葬式費用	葬儀費用相当額（香典返戻費用を除く）		▲　万円
課税価格	各相続人等の課税価格の合計額（A）		万円

（※）令和5年12月31日までの贈与については3年

（付録2相続税額概算表より）（Q6（16ページ）参照）

＞基礎控除額（Q5（14ページ）参照）なら課税

　上記の相続税概算額の総額は、あくまで概算です。詳細な評価は各問を参照してください。なお、実際の相続税申告については税理士にご相談ください。

付録2　相続税額概算表

単位：万円

相続人/課税価格	配偶者と子			子だけ		
	子1人	子2人	子3人	子1人	子2人	子3人
0.5億円	40	10	0	160	80	19
0.75億円	197	143	106	580	395	270
1億円	385	315	262	1,220	770	629
1.25億円	630	523	446	1,970	1,260	1,004
1.5億円	920	747	664	2,860	1,840	1,440
1.75億円	1,295	1,037	936	3,860	2,590	1,939
2億円	1,670	1,350	1,217	4,860	3,340	2,459
2.25億円	2,045	1,662	1,498	5,860	4,090	3,210
2.5億円	2,460	1,985	1,799	6,930	4,920	3,959
2.75億円	2,960	2,422	2,164	8,055	5,920	4,709
3億円	3,460	2,860	2,539	9,180	6,920	5,460
3.5億円	4,460	3,735	3,289	11,500	8,920	6,979
4億円	5,460	4,610	4,154	14,000	10,920	8,979
4.5億円	6,480	5,492	5,029	16,500	12,960	10,980
5億円	7,605	6,555	5,962	19,000	15,210	12,979

※　相続税額は相続人が支払う相続税額の総額となります。
※　配偶者がいる場合の相続税額は配偶者が1/2を取得するものとして計算しています。
　（配偶者が取得する遺産は確定しているものとし配偶者の税額軽減の適用を前提としています。）
※　相続税額は万円未満切捨てで計算しています。

遺産分割協議書

被相続人の表示

　　　本籍　　　　　　東京都○○区○○町一丁目 10 番

　　　最後の住所　　　東京都○○区○○町一丁目 10 番 8 号

　　　被相続人　　　　東京　太郎

　　　相続開始の日　　令和×5 年 12 月 9 日

相続人の表示

　　　後記相続人署名欄記載のとおり

遺産分割協議事項

　被相続人　東京　太郎　の遺産については、同人の相続人の全員において分割協議を行った結果、各相続人がそれぞれ次のとおり遺産を分割し、取得及び負担することに決定した。

1．相続人　東京　花子　が取得する財産

（1）配偶者居住権

　東京　花子が相続開始時に居住していた2（2）の建物につき、存続期間を東京　花子の終身の間とする配偶者居住権

（2）現金預金

①　○○銀行　○○支店　普通預金　口座番号　×××

②　○○銀行　○○支店　普通預金　口座番号　×××

③　手許現金

（3）その他の財産

　家財一式

2．相続人　東京　一郎　が取得する財産及び負担する債務

（1）土地

①　所在　○○区○○町一丁目

　　地番　10 番

　　地目　宅地

　　地積　150.50 ㎡

②　所在　○○区○○町一丁目

　　地番　11 番

　　地目　宅地

地積　　10.31 ㎡
（２）建物
　　　所在　　　　○○区○○町一丁目10番地
　　　家屋番号　10番
　　　種類　　　　居宅
　　　構造　　　　木造スレート葺２階建
　　　床面積　　　１階　　89.95 ㎡
　　　　　　　　　２階　　75.80 ㎡
（３）現金預金
　①○○信用金庫　○○支店　普通預金　口座番号　×××
　②△△銀行　　　○○支店
　　イ）普通預金　口座番号　×××
　　ロ）定期預金　口座番号　×××
　　ハ）定期積金　口座番号　×××
（４）未収入金
　所得税還付金
（５）未払金
　○○病院　医療費未払金
（６）借入金
　△△銀行　○○支店　借入金
（７）葬式費用

３．相続人　東京　りえ　が取得する財産
（１）有価証券
　有限会社　○○社　○○○○株
（２）未収入金・貸付金
　①有限会社　○○社に対するもの
　②相続人　東京　りえに対するもの

４．相続人　東京　一郎　は上記財産を取得する代償として　相続人　東京　りえ
　に金 5,000,000 円を支払うものとする。

５．上記以外の財産及び債務は、相続人　東京　花子　が取得するものとする。

　以上のとおり、相続人全員による遺産分割の協議が成立したので、これを証する
ため本書を作成し、末尾に各自記名押印する。

　　　　　　　　　　　　　　　　　　　　　　　　　令和×6年 10 月 1 日

住　　所　　東京都○○区○○町一丁目 10 番 8 号

相続人　　**東京　　花子**　（実印）

住　　所　　東京都○○区○○町一丁目 10 番 8 号

相続人　　**東京　　一郎**　（実印）

住　　所　　東京都○○区○○町三丁目 14 番 5 号

相続人　　**東京　　りえ**　（実印）

付録4　東京税理士会支部一覧（令和5年9月20日現在）

第1ブロック

支部	郵便番号	所 在 地 ＨＰアドレス	TEL
麹　町	102-0073	千代田区九段北１－３－６　セーキビル３階 http://tz-koji.jp/	03-3264-0049
神　田	101-0054	千代田区神田錦町２－５　第二亀谷ビル４階 http://www.zei-kanda.org/	03-3291-1345
日本橋	103-0013	中央区日本橋人形町３－11－10　ホッコク人形町ビル ２階　http://www.nihonbashi-tax.jp/	03-3662-3979
京　橋	104-0041	中央区新富１－７－７　新富センタービル５階 http://www.kyobashi-tax.jp/	03-3553-1788
芝	108-0014	港区芝５－１－９　豊前屋ビル４階 http://www.tz-shiba.jp/	03-3453-6516
麻　布	106-0046	港区元麻布３－２－21　ルミエール元麻布301号 http://www.azabu-tax.org/	03-3404-2886

第2ブロック

支部	郵便番号	所在地／ＨＰアドレス	TEL
品　川	140-0004	品川区南品川４－２－32　品川税経会館内 http://www.shinatax.com/pc/	03-3474-0843
荏　原	142-0053	品川区中延１－２－９　コートハウス中延101号 http://www.zeiebara.jp/	03-3781-8070
大　森	143-0024	大田区中央７－４－５ http://www.zeioomori.jp/	03-3754-1811
雪　谷	145-0067	大田区雪谷大塚町11－６　雪谷法人会館２階 http://www.zeiyukigaya.com/	03-3726-5701
蒲　田	144-0052	大田区蒲田５－43－７　ロイヤルハイツ蒲田301号 http://www.znet-kmt.jp/	03-3734-5556

第3ブロック

支部	郵便番号	所在地／ＨＰアドレス	TEL
四　谷	160-0004	新宿区四谷３－７－６　ＮＫ第８ビル２階 http://www.tani4.com/	03-3357-4858
新　宿	160-0023	新宿区西新宿７－15－８　日販ビル３階 http://www.shinjukushibu.gr.jp/	03-3369-3235
中　野	164-0001	中野区中野２－13－21　パール美里103号室 http://www.tz-nakano.org/	03-5385-1717
杉　並	166-0004	杉並区阿佐谷南３－１－33　サンアサガヤビル201号 http://www.suginami.gr.jp/	03-3391-1028
荻　窪	167-0051	杉並区荻窪５－16－12　荻窪NKビル３階 http://tokyozeirisikai-ogikubosibu.jp/	03-3391-0411

第4ブロック

上　野	110-0008	台東区池之端１－１－７　池之端ハイマンション２階 http://www.uenotax.jp/	03-3831-8851
小石川	112-0003	文京区春日１－10－１　ホワイトパレス204号室 http://tz-koishi.org/	03-3815-3313
本　郷	113-0033	文京区本郷２－40－７　ＹＧビル４階	03-3814-3709
浅　草	111-0051	台東区蔵前３－４－５　浅草税理士会館１階 http://www.asazei.jp/	03-3862-5855

第5ブロック

世田谷	154-0023	世田谷区若林４－31－７　ベルジェ 102号 http://www.zei-seta.jp/	03-5481-0770
北　沢	156-0043	世田谷区松原６－１－10　アイリンマンション３階 http://sites.google.com/view/zeirishikaikitazawa	03-3322-7894
玉　川	158-0094	世田谷区玉川２－４－４　玉川酒販会館３階 http://www.tamagawa-tax.jp/	03-3700-0562
目　黒	153-0061	目黒区中目黒５－28－17　ニチエービル３階 http://www.zeirishi-meguro.org/	03-3715-1580
渋　谷	150-0031	渋谷区桜丘町16－15　カーサ渋谷３階 http://www.zeirishi-shibuya.org/	03-3461-2938

第6ブロック

板　橋	173-0014	板橋区大山東町40－６　朝日大山マンション210号 http://www.itazei.jp/	03-3962-3922
練馬東	176-0011	練馬区豊玉北２－23－10　練馬産業会館２階 http://www.nerimahigashi.jp/	03-3993-6281
練馬西	178-0063	練馬区東大泉１－26－19　大泉源第一ビル２階 http://www.nnzkai.com/	03-3922-0311
豊　島	171-0021	豊島区西池袋３－30－３　西池本田ビル３階 http://www.toshima.gr.jp/	03-3981-4585
王　子	114-0002	北区王子１－11－１　北とぴあ12階 http://www.tax-oji.com/	03-5390-1213
荒　川	116-0013	荒川区西日暮里６－７－６ http://www.tokyozeirishikai-arakawa.jp/	03-3800-5577

第7ブロック

足　立	120-0034	足立区千住１－37－7 http://www.tax-adachi.gr.jp/	03-3882-9417
西新井	123-0842	足立区栗原３－10－19－103　西新井税理士会館内 http://www.nishiaraishibu.com/	03-3889-4608
本　所	130-0002	墨田区業平２－5－7　本所税理士会館 http://www.tzk-honjo.org/	03-3626-1148
向　島	131-0032	墨田区東向島２－8－5　向島法人会館内 http://www.zeirishi-mukoujima.com/	03-3614-8528
葛　飾	124-0012	葛飾区立石７－12－7　葛飾税理士会館内 http://kz-shibu.boy.jp/	03-3693-0834
江戸川北	132-0035	江戸川区平井４－2－24　江戸川税理士会館内 http://www.zei-edokita.net/	03-3682-9844
江戸川南	134-0083	江戸川区中葛西７－4－9 http://edogawaminami.business1.gogo.jp/	03-5605-9160
江東西	135-0003	江東区猿江２－3－20　イトーピア住吉１階 http://www.koto-nishi.jp/	03-3633-3585
江東東	136-0071	江東区亀戸２－31－10　コクブ亀戸ビル６階 http://www.koutouhigashi.jp/	03-3681-3722

第8ブロック

青　梅	198-0042	青梅市東青梅１－7－7　清水本社ビル５階 http://ome-zeirishikai.net/	0428-23-2331
八王子	192-0083	八王子市旭町12－7　ＫＤＸ八王子ビル６階 http://www.hachiojizeirishikai.jp/	042-644-0131
日　野	191-0031	日野市高幡145　岡崎ビル303 http://www.zeirishikai-hino.jp/	042-593-8241
町　田	194-0022	町田市森野１－34－10　第１矢沢ビル４階 http://tzm.jp/	042-729-0777
立　川	190-0012	立川市曙町２－38－5　立川ビジネスセンタービル10階 http://www.tachizei.com/	042-525-1397
東村山	189-0014	東村山市本町１－20－27－201　MIKAMI 2001 ２階 http://higashimurayama-zeirishikai.jp/	042-394-7038
武蔵野	180-0006	武蔵野市中町１－23－17　武蔵野高和ビューハイツ２ 階　http://www.musashinozeirishikai.jp/	042-255-2313
武蔵府中	183-0015	府中市清水が丘１－3－8　ハイツ小林702 http://www.tz-musashifuchu.jp/	042-319-2825